U0044553

來去印度

三個旅人的故事

郝洛吉
錢德純
著

目錄 ContentS

前言

當我們開始寫這本書之前，我們先為自己制定了一份 mission statement。鑑於印度的複雜性，我們和讀者都很容易迷失在數以百計的探討印度的渠道裡。這份 mission statement 就是我們的地圖，以保持我們既定的焦點。

經過多次討論後，我們決定本書有幾個目標：

1 雖然本書內包括了一些比較嚴肅的題材，我們不希望把這本書寫成像大學裡有關印度入門課程的教科書，也無意帶有學術味。

2 為了增加娛樂性，我們創造了三個大多數中文讀者都能接受的，普通但有代表性的人物來敘述我們的故事。為了可以讓遍布世界各地的中文讀者都能產生認同感，我們選擇了分別由臺灣、矽谷及北京來的三個人：高梅林、Milton Wong 及杜小舟。這三人是讀者遊印度的「工具」，通過他們讀者可以「看到」、「聞到」和「感覺到」印度。

3

雖然本書不是旅遊指南，沒詳細告訴讀者在哪裡可以找到好吃的，在哪裡住宿安全，但我們也為有興趣去印度旅遊的讀者提供了印度的整體框架——它的教育中心、技術中心、文化中心、養生中心（包括阿育吠陀和瑜伽傳統）。我們又搭配了些印度的宗教以及歷史背景，尤其是追溯到四百年前的英國殖民統治。我們希望這個簡要概述可以幫助讀者選擇適合自己的印度遊點。

印度是另一個自成體系的半封閉系統，瞭解這個大國加古國是個沉重的精神負擔，尤其當大多數中文讀者已經具備，除了母文化外，第二個「工作文化／語言」，無論是英語，日語或其他語言。當年唐三藏去印度取經時的中國人還沒有今天中國人的負擔重，再加入第三種文化可以想見是艱難的挑戰。然而，以三條腿的凳子為例，我們認為「三」是自然內最穩定的組合。我們希望讀者會同意學習第三種文化，如政經重要性都在日益上升的印度，很可能是值得的投資。

with a general roadmap of India–its educational centers, its technology centers, its cultural centers, its wellness centers (Ayurveda and yoga). Thrown in the mix is also a bit of historical background dating back to the 400 years of colonial rule by the United Kingdom. It is our hope that this general framework will help the readers select their destinations in India.

India is yet another system to grapple with, a heavy mental burden when most Chinese readers already have, in addition to the mother culture, voluntarily taken up a second "work culture/language," whether it be English, Japanese, or some other language. Therefore, the idea of incorporating a third culture can be daunting–this is a burden that even the Tang Dynasty monks, who went to India to seek Buddhist truths hundreds of years ago, did not have to carry.

Challenges noted, we draw analogy from the three-legged stool, which we believe provides a level of stability not matched by any other support structure. We hope the readers will find, in the end, that adopting a third culture, India, at a time of its rising political and economic importance, may well be worth the effort.

Preface

When we set out to write this book, we first wrote a mission statement for ourselves. Given the complexity of India, our thoughts can easily get lost in the hundreds of ways to explore India. Therefore the stated aims, committed to an outline form, served as our map so we could remain focused.

After much discussion, we decided on the following scheme:

1 *Even though this book contains a few serious subject matters—colonial history, Indian classical music, etc.—we decided not to turn this into a text book for a college level introductory course on India, or otherwise make this an academic exercise.*

2 *In order to be entertaining, we created three characters whom we hope the Chinese readers can easily identify with. And, in turn, these characters will be the vehicles through which the readers can "see," "smell," and "feel" India. The three characters are from Beijing, Hong Kong/Silicon Valley, and Taiwan. We hope these people, who have come to life for us, will appeal to Chinese readers spread across the world.*

3 *While we do not give you specific travel tips, such as where to dine and where to sleep, we have provided readers who wish to travel to India*

序曲 Prelude

三個人，兩男一女，在同一時間從三個不同的方向往邦革洛如（Bengaluru）[1]國際機場美食廣場賣印度塔利（thali）[2]的小店走去。

這三個人年齡各不相同。女的很年輕，看起來不超過三十歲。兩個男人其中一個應該是三十出頭，另一個在六十上下。三個人穿著差異很大。仔細聽他們點菜時講的英語，會發現這三個人英語程度也差很大。這三個人唯一相同的是他們看起來都像是中國人。

一張可以容納六個人的桌子剛清出來，員工還在清潔桌面的最後一個角落，三人之中六十左右的男人就快手快腳地把他才拿到的不鏽鋼thali圓盤子放下，占住一個地盤，顯然是非常熟悉人擠人的環境。他把他的公事包和一件看起來價值不斐的雨衣放在旁邊的位子，在邦革洛如炎熱乾旱夏季，雨衣顯得有些刺眼。

看看沒有別的空位，第二個男人手托著食盤用眼光接觸第一個男人，無聲地問他是否在意他們同座。第一個男人輕微地點點頭，表示歡迎，這個三十多歲的英挺男士就在第一位男士對面坐了下來。第二個人放下他的雙肩背包。兩個人看起來都對眼前剛買的印度餐很興奮，準備開始用餐。

就在這個時候，那位年輕的女士也到了。她很客氣地問這兩人，她能不能和他們共用這張桌子。雖然她的英文聽起來不太標準，態度卻很從容。兩位男士忙不迭地說"Yes, yes, please sit down."（可以，可以，請坐），年紀比較年輕的那位男士還殷勤地拉開一張椅子，好讓這位女士有足夠的空間坐下。這位女士隨身帶了一個行李袋，她把行李袋放在旁邊的椅子上。她固定每隔幾分鐘就摸摸自己側身，彷彿是養成很久的習慣。

這位年輕女性煥發出的自信與秀氣的五官引起了兩位男士的注意，她戴著圓框眼鏡，穿著略顯寬鬆的牛仔褲，上面套了一件藍色的印度式襯衫。她仔細觀察一下同桌的兩位男士，開始用中文快速且興奮地和他們攀談，表示自己已經離家兩個半月了，真高興馬上就可以回家了。年紀較大的那位男士面帶微笑聽她說話，很顯然完全瞭解她在說甚麼。年紀較輕、長相英俊的那位男士有些抱歉地用英文表示他聽不懂中文。不過，這位年輕女子彷彿沒聽到一樣繼續她的獨白，只是改成用不太流利的英文來說。

---

1 舊名Bangalore，故一般譯作班加羅爾。

2 印度傳統套餐，通常放在一大盤中，內有小格可以放各式咖哩，搭配白飯、調味醬和脆餅等。現代多用不鏽鋼盤子，但還是有很多食堂遵循古法用香蕉葉來盛菜。

她的名字叫高梅林，正在返回台灣的路上。梅林剛完成十週的印度之旅，她利用這十個星期去了佛教發源聖地，深入瞭解古老的瑜伽傳統，探訪遍布這個次大陸上印度特有的精神大師和道場。

帥氣的男士今年三十二歲，他叫黃光遠，英文名是Milton。他是美籍華裔軟體工程師，在襁褓時期就跟著父母從香港移民去美國。過去三年來，他與妻子和兩個幼子住在邦革洛如。他的妻子和孩子在一個月前已經回去位於加州庫柏蒂諾（Cupertino）的家了，他則留下來收拾他們在南印度那個臨時的家。現在，他已經踏上回加州的路上。他告訴另外這兩個人，他有幸瞭解印度負責培訓頂級世界一流工程師的工程學院系統，這些工學院遍布全印度。他的妻子布蘭達是建築師，過去三年她參觀了印度南方無數壯觀印度教廟宇，去過卡納塔克邦、安德拉邦、喀拉拉邦和泰米爾納德等幾個南部大邦。

杜小舟是三人之中年紀最長，也是最後說話的。他是從北京去的，在印度金融界工作了五年後決定回國。小舟很感慨地說，當年會踏入金融業是因為三十五年前的中國正開始改革開放，他入行的優勢是他的英文，而不是因為他對經濟學的瞭解。當然，這麼多年下來他對金融方面已有充分知識。在印度，小舟倒是沒學會甚麼金融上的新招，但發現了印度豐富的音樂和舞蹈傳統。小舟相信印度在這方面不會比世界上任何國家差。這點啟發了他，他想回中國成立屬於自己的表演中心。他已經累積了足夠財富，應該夠他達成多年的願望，重振自己家族多年前被斬斷的中國戲曲傳統。

這三個人就在返回各自的家園之前，一邊吃著南印度菜一邊聊天。下面就是一個台北人、一個舊金山灣區人和一個北京人在印度的故事。

第一部　高梅林

一個人這一輩子能有幾個瞬間得享如此驚人的美麗與豐富的內涵，日後使人回味再三？對高梅林而言，這是其中一個瞬間：獨自一人，剛剛抵達瑞詩凱詩，在小房間的陽台上，在海拔一千七百英尺以上的喜馬拉雅山山麓，在北阿坎德邦有恒河流入的盆地旁。她感覺到這三週的冥想練習潔淨了她的心靈，冥想的困難已經離開她了。此刻，她與自己和平共處，沉浸在達成一生目標的喜悅中。

成長

高梅林出生於一九七〇年，父親老高是一九七九年由上海來到台灣的國民黨老兵，母親是老高的第二任妻子，梅林是這對夫婦的獨生女。

梅林從小就對花蓮的複雜人際關係網絡有了深刻的體驗。在這座美麗的濱海城市裡住了各式各樣的人，有外省人、所謂本省籍的閩南人、客家人和原住民，加上花蓮獨特的自然景觀，形成一個充滿了魔力的環境。花蓮包圍著高梅林，讓她感到舒適且安全，但也不斷地刺激她的想像力和好奇心。

高梅林的台籍母親是個溫和可親的佛教徒，和她脾氣暴躁的父親完全不同。母親喜歡園藝和廚藝。從小到大，梅林不記得母親曾經對自己大聲吼罵過，印象中，母親甚至沒表現過不高興過。母親對超出自己行為範圍的人和事一律保持沉默，不斷在她廚房或園子裡忙著永遠做不完的事。在梅林眼中，母親似乎非常感謝上蒼給了她一個孩子；因為對梅林的愛，母親對父親老高逆來順受。她似乎瞭解老高在打那場中國內戰的過程中遺失了許多說不出來的東西，她可以做的就是原諒他的一切。再說，老高到底是梅林的父親，梅林又是這麼一個可愛的孩子。

梅林一向是個有點特別的孩子。她是個天生的運動員，這點可從她走路時矯健的腳步觀察出來。很可惜，梅林身處狹小的環境，沒機會讓她發揮天分。她和周遭同齡的孩子比起來，微笑的次數似乎更多些，但她不會給你捕捉到或瞭解她微笑的時間。她很會搭配自己的穿著，但永遠不會出色到讓人想稱讚她。從小到大，她一直保持著齊肩的頭髮，和一般人比起來，她的頭髮似乎又更黑些。上初中起，梅林添了一副圓框眼鏡。眼鏡的式樣並未隨著梅林的年齡改變，讓人忍不住懷疑多年來她是不是一直戴著同一副眼鏡。總而言之，梅林給人的整體印象是一種低調滿足中有一種不滿足，在融入大環境中的努力中參雜著些不隨和。這點可能是反映了父母出身的不同，也可能是體現了父親說不出來的那股失落。

早年，梅林的父親老高一直和他們母女住在一起。老高對孩子管教嚴格，保持他的軍人作風，有時候更會莫名其妙大發脾氣——比方說一家人在吃飯，老高會像變了一個人似的突然大聲吼罵。梅林第一次經歷這種情況時頗受驚嚇，幸好有母親在，鎮靜地吩咐她把飯拿到隔壁房間繼續吃。事後母親告訴梅林，爸爸有時候會想起從前打仗的情景。這種情形發生過幾次，母親總是面無表情地坐著，就像等待暴風雨過境一樣。久而久之，梅林也就習慣了。

梅林漸漸長大後，老高不回家的次數開始增加。不過，老高在梅林幼年造成的印象還是令梅林怕回家。碰到老高發脾氣的時候，梅林學會她媽媽的視而不見，聽而不聞。梅林和媽媽不同的一點是，梅林不打算一輩子忍下去。梅林的不妥協不是一般叛逆期青少年對父母親的反抗，她只是想給自己一個精神上的空間。父親的缺點成了梅林「受苦」的象徵，她需要精神上的解放。她學會用旅行來解脫精神上的枷鎖。一開始，她的旅行是短距離的，比方說去同學家；隨著年齡的增加，她也越走離家越遠。

老高雖然脾氣粗暴，但也有他溫柔的時刻。他對中國歷史充滿熱情，也極富冒險精神。在父女溫馨相處的片刻，他會對女兒提起遙遠的故鄉，說起從前的事。就在後院的小板凳上，他敘述他所記得的，共產黨改造前的中國，以及更久以前，幾百年甚至幾千年前的歷史和故事。在這些故事之中，梅林最喜歡的就是父親在故鄉四川的旅遊，她一遍又一遍要求父親仔細描述在中國邊境上，那些山頂永遠白雪皚皚的高山。

高梅林從小最愛聽的是一個深山裡面的故事，故事是由一群多元文化、多元種族、多元宗教的人組成的，這群人在大自然前面感覺到自己的渺小，所以反而能在多元化中和平共處，在高海拔的困境中共同求存。這群人就是當今所謂的西藏人，其中包括了將近十到十四個不同的部族，散居於四川、雲南、青海、甘肅各省份，以及西藏自治區。

老高憶起他年輕的時候：

對日抗戰時，我和排裡幾個弟兄負責察探地形，為後面跟著的國民黨部隊探路。我們的責任也包括確定當地居民的合作態度，雖然我當時只有十五、六歲，幾次反而是因為我的關係才能順利執行任務。有些弟兄要不太過托大，要不就是太膽小，所以倒是我這個毛頭小夥子比較有親和力。好幾次我們的隊伍碰上帶著武器、頗有敵意的當地居民，在我一副四海之內皆兄弟的態度下都漸漸軟化，答應讓我們在當地紮營過夜。其實當時我也害怕，但是四周高山的雄偉和清冽的空氣給了我勇氣。

父親緬懷中國的那份舊情，以及對昔日舊勇所抱持的那股驕傲，給了高梅林其他同齡孩子所缺乏的好奇心，想要去探索台灣以外的地方。

老高越來越少回家，梅林也越來越像母親，天天跟著她在廚房和菜園裡忙著。母親不說，梅林也沒問母親為什麼父親不常在家。母女兩個人都學會了不管老高在不在，一樣可以好好過日子。

梅林在八歲那年就發現母親其實是老高的第二任妻子，老高十幾歲在四川就結過婚，還生了一個兒子。梅林問過老高他會不會想念留在大陸上的親人，老高說當然想，不過當年他實在太年輕了，很多事情都不太記得了。老高對大陸親人的想念應該還混雜了不少他的鄉愁，以及對個人青春的懷念。

梅林十歲時老高開始開長途貨車，他離家的時間越來越多，多半的時間都待在在高雄。梅林偷聽到母親質問父親，問他是不是在南部那個城市又成立一個小家庭，老高堅決否認。老實說，老高是個難相處的人，梅林的母親又是這世界上最善良、最關心老高的人，如果老高不知好歹要離開她們母女，梅林和母親也只能由他去了。

梅林的母親姓蔡，蔡女士生活上最重要的活動是拜佛念經。母親主要是去大悟山上的一座寺廟，這座叫啟悟會的是一個從台北發起的佛教團體。梅林和母親從未見過發起人行嵩大師，卻聽過很多有關他的故事。行嵩大師和老高一樣，未出家之前也是國民黨軍人，一九五九年剃度皈依。私底下，梅林對這點感到好奇，到底是甚麼因緣讓大師可以完全拋棄以前的生活？為什麼自己的父親沒有一絲一毫這方面的傾向？無論如何，在行嵩大師教誨下，梅林漸漸覺得自己可以諒解老高嚴格的軍事風格，在打坐冥想的影響下，她甚至可以原諒老高回家的次數越來越少。

從梅林六、七歲時開始，週末蔡女士在家裡忙的時候就會先把梅林送去廟裡。蔡女士自己識字不多，希望梅林能多唸些書，廟裡幾位法師答應幫梅林上些宗教課，外加書法。因此，梅林從小就開始讀釋迦牟尼的故事。她啓蒙的過程中，有一大部分文字是從重複釋迦牟尼佛的生平故事中學來的。

> 悉達多生於印度和尼泊爾邊界的一個皇室。他的家庭信奉印度教。悉達多十六歲結婚，有一個兒子。他在二十九歲那年第一次離開皇宮，看到了子民的痛苦，因老病與死亡所造成的痛苦。悉達多放棄榮華富貴，成了一個苦行者，經過多年的自我修行後，他發現中庸之道，遠離極端的自我放縱和極端主義。三十五歲那年，他在菩提伽耶（Bodhgaya）的一棵菩提樹下悟道，有許多信眾跟隨他，他創建了佛教。釋迦牟尼行走於北印度，傳教說法四十五年，於八十歲圓寂，進入涅盤。

佛祖是印度人嗎？他不是中國人？印度在哪裡？這成了高梅林從小就困惑不已的幾

個問題。長大之後，她在地圖上找到了印度，發現印度看起來離台灣很遠。成年後，梅林問的問題更深入了，比方說現代的印度還有佛教徒嗎？在佛教的發源地，是不是可以找到更好的老師來幫她解釋經文，冥想，打坐？有人告訴她印度現在主要信仰印度教，梅林又開始想要瞭解印度教和佛教有何不同。

蔡女士對女兒的好奇心表示讚賞，廟裡住持對梅林的稱讚，更是令她這個做母親的感到開心。梅林的問題其實令住持有些尷尬；他是個單純的好人，對太複雜或太遙遠的人和事都沒太大興趣。印度對他沒啥意義，但他還是希望多鼓勵梅林。

這群好人雖然沒有阻礙梅林心智的成長，但也沒有發現梅林是個絕頂聰明的女孩。如果梅林生在一個另外一個環境，她的表現也許會引起師長的注意，進一步啓發她，或許有一天她會成為一個宗教學者或大師。不幸，梅林只能繼續用她環境裡所允許的方法顯示個人的天分。

梅林被廟裡的和尚和其他信徒越搞越迷糊。他們似乎只對台灣感興趣——當然對中國也可能有帶些自衛性的興趣。但是印度對他們而言實在是太遠了。釋迦牟尼或許是從印度來的，但這是很久以前的事了，和他們目前的生活搭不上關係。老高雖然和其他花連人比起來更有世界觀與冒險心，不過他也搞不懂女兒為什麼會對佛教的發源地這麼有興趣。

所以，高梅林的歷程從這裡開始。在一九七〇年代末期和一九八〇年代初期，在花蓮長大的一個小女孩，有著一頭齊肩的黑髮，活潑的步伐，帶著圓框眼鏡的眼裡充滿了衝勁、好奇和對生命的熱愛。她從生性善良的母親那裡學會對人的仁慈，受到戰爭創傷的父親則教會她如何以幽默和優雅來面對人生。梅林的善解人意並沒有抹去她帶點叛逆的固執。對於印度的興趣，她一直很執著，她覺得自己發現了屬於佛教的一些特點，不管別人是否同意。十四歲起她就下定決心，一定要去一趟印度，去到佛祖悟道的菩提樹下親眼看看。她並沒將這個計畫告訴任何人；這是她私人的小祕密。

梅林心智成長的同時，她也對自己的身體有更多的瞭解。她從別人的眼光中知道自己不是個美女，但有足夠的美麗。其實，她覺得自己是剛剛好。但是，為什麼沒有人鼓勵她表達她自己，包括她的美麗，她的青春，她的欲望？為什麼她的父親那麼嚴苛，約束她穿什麼，去那裡。虔誠的佛教徒如她的母親，就不能探討其中的一些問題？高梅林越來越相信台灣民眾對真正佛教的理解已經變得表面，她也認為他們的自我壓抑有些是不必要的。

梅林在高中畢業後就去了台北。她運氣不錯，很快就在東區一家高級義大利餐廳找到一分薪水不差的工作。她考慮過去唸大學，可是母親無法負擔她的學費，而老高又不太可靠。梅林也不是沒想過去申請助學貸款，但最後還是決定先緩一緩再考慮唸大學。她在花蓮小鎮上的同學唸大學的並不多，所以沒有感受到太多繼續升學的壓力。她想還是先把全副精力放在在台北這個大城市打拚上，再說她可以自學。梅林是個知道自己要什麼的女孩，不會隨波逐流，循著別人設計好的道路走。

梅林很幸運地在台北找到了兩個也是花蓮來的女孩一起住，幾個人彼此有個照應，但也各有各的生活。梅林一有空，還是繼續到台北各處廟宇研習佛經，研究釋迦牟尼，為去印度旅遊做準備。

三個女生在一起，有時也會一起煮頓飯。兩位室友很快就發現梅林在廚房裡有著過人的天分，她燒起菜來又快又好，她還很快地找到了台北幾個最好的市場：東門市場和南門市場。在這些市場裡，梅林可以找到最新鮮的蔬菜，比方說母親最愛的豆苗和九層塔。兩位室友自嘆不如，很高興替梅林打理配料當二廚。兩個女孩也沒有白吃梅林的，她們送了梅林不少張南京西路上最近新開的瑜伽中心的體驗票。梅林的兩個室友都是會員，也勸梅林參加。梅林用體驗票試上了幾堂課，然後就開始定期去練習。她的老師是個漂亮的年輕女孩（在台北，練瑜伽的女孩大多年輕漂亮），年紀可能比梅林還小。梅林跟著她嘗試把自己的身體擺成各種體式，下犬式、樹式、蛇式等。瑜伽原理似乎認為人類可以從動物身上學到很多養生之道。每堂課一開始，大家以打坐姿式發三次「Om」聲，結束時大家雙手合十說「Namaste，謝謝老師」。瑜伽很快就成了梅林在台北生活的一部分。

上了一陣子課，有一天梅林突然領悟到瑜伽和佛教一樣，都是印度文化的產物，這點更加深了她非去印度不可的熱情。除了佛教聖地菩提伽耶，也就是佛陀悟道成佛之處，梅林又加了一個點，印度北部恆河旁的瑞詩凱詩（Rishikesh）。這個喜馬拉亞山邊的小城是世界有名的瑜伽訓練中心。

這時候，梅林對印度的興趣分成兩個方向，對梅林來說這加重了不少精神上的負擔。上瑜伽課之前，梅林對印度的興趣是單一的，她只想去印度看看佛教的發源地。從這個簡單的意願上又延伸出她個人想對台灣宗教進一步分析，想要多瞭解佛教，以解開台灣的佛道不分。如今這個簡單的意願加上她對瑜伽的喜愛，混淆了她以前清晰的目標。瑜伽雖然幫她融合心智與身體，但是瑜伽也沖淡了她以前對宗教的專一。

梅林已經開始瞭解到印度是個如何複雜的國家了。除了悠久的歷史，廣大的幅員，印度還有數不清的「傳統」。瑜伽傳統就是泛印度文化中的一個分支。比起以前想把台灣的佛道分開，梅林現在延伸出來的心願，是把印度教和佛教縱橫交錯的思想脈絡整理出來，這是個更大的問題。梅林估計這個心願可能更難達成。梅林懷疑，就算去了印度，可能還是無法把純粹的佛教思想從印度教義中分離出來。根據她初步的瞭解，瑜伽傳統比佛祖的誕生還要早幾百年。梅林自認是個虔誠的佛教徒，她也可以虔誠地練習瑜伽嗎？梅林見過許多悉達多在菩提樹下蓮花坐姿的塑像，這種坐姿是不是一種瑜伽體位呢？佛祖當年也練瑜伽嗎？

梅林繼續準備完成兒時立下的印度之旅這個心願，同時她也瞭解到以前一心以為去印度就可以發現及瞭解「純粹」佛教，是她把事情想得太簡單了。也許瑜伽，以及包容瑜伽的印度教，有很多部分都是佛教的基礎？無論如何，對她構成心智上的這些新挑戰並未讓梅林氣餒，反而加強了她非去印度不可的決心。梅林深深期盼她的印度之旅。

至於在台北的生活，梅林把時間分配在母親、朋友和宗教上。從這幾方面來看，她是個穩定可靠的女兒、朋友和佛教徒。從十八歲到二十八歲，梅林每個月都回花蓮探望母親，每晚都會念經，以及不間斷地為她的印度之旅做準備。梅林每個星期照例會替兩位室友燒一、兩頓飯，也一直堅持練習瑜伽。當然梅林也有她不按牌理出牌的另一面，比方說她對台灣佛道混合現象的不滿。

在工作和私人關係上，她卻表現出恰恰相反的浮動性。她常常換工作，只要新雇主願意付給她比前一份工作稍高的薪水。梅林的理由是她得多存些錢，好早日去印度。對梅林而言，工作上是沒有甚麼忠心好言的。梅林對男女關係也抱持相同的態度。她交過很多個男朋友，每一個都教會她一些事，不論是在愛情、情慾……方面。不過沒有一個能讓梅林停下腳步來，她總是想要認識、瞭解更多的人，因為每一任男友都給她一個更加瞭解自己的機會。這也讓外人對梅林產生一種印象，覺得她是愛情自由派。

梅林從不浪費時間和精力回憶過去的情感關係。也許是從小在菜園裡種菜種慣了，她對男友就像看待菜苗一樣，關係發展的不好時就像長得不好的菜一樣可以連根拔掉。她幫母親種菜時就是這麼辦的，一排裡長得不齊的菜苗都可以拔掉，起碼在發芽期是這樣。梅林不會拋棄拔出來的菜，她會重新種到更合適的地方。對男友她也這麼辦，一旦男友和她的興趣或目標產生分歧，她也會幫男友找到新伴侶，比方說她的室友或同事。幸好她的歷任男友都不怪她。

一天，高梅林照常去位於南京西路上的瑜伽中心練習瑜伽，那天的老師是一位比梅林大幾歲的美麗女孩，她有些神祕地告訴同學，今天的練習和以往不同，她要帶領大家做「慢瑜伽」。所謂「慢瑜伽」，這位老師接著說，是整堂課都用同一個體位，那天她要帶大家做「蓮花式」。在大家進入體位的十五分鐘後，她會帶領學員做呼吸練習，觀察自己的思緒。老師說她在德國有一位導師，每年見一次面。這是她的導師教她的。

這堂瑜伽課帶為梅林年輕的生命帶來第三個轉折點。梅林發現佛教發源於印度是第一個轉折點，當時身在花蓮佛堂的小梅林立願去印度的菩提伽耶朝聖。第二個轉折點發生在梅林參加瑜伽課後不久，她發現瑜伽也是印度的文化遺產，從此梅林把學習瑜伽加入她的印度行程表裡。

這次的「慢瑜伽」學習是梅林生命的第三個轉折點。在練習過程中，梅林突然發現自己從來不知道的一些感覺，在觀察自身的那一段過程中，保持蓮花坐姿的梅林看到自己對父親的憤怒及不滿。老師在一旁繼續教同學「吸氣，停，再慢慢吐氣」，而梅林腦子裡的想法卻沒停過。除了父親之外，她又覺得母親太善良了。她腦子裡的想法像剛被搖動過的汽水瓶，一波又一波湧上來。心緒不寧的梅林離開瑜伽中心時，又給自己的印度之旅加上第三個目標，她要去印度找一位心靈導師幫助，開導她精神上的不滿足。梅林不願意在生命的旅途上繼續抱著對父母的憤怒及不滿前行。即使不能化解，梅林希望自己起碼可以控制這些負面情緒。

梅林知道中國也有師徒制度。師徒如父子，徒弟認同、信任、尊敬師父，更希望能將師父的教誨發揚光大。師父對徒弟有相對的義務，必須能教導、保護、挑戰徒弟的才能與長處，並領導他度過人生或職業上必有的波瀾。最合適的師父應該是能在心靈上對徒弟有所啓發，而不限於幫助徒弟度過平日生活上的挑戰。梅林這一代的台灣人對古老的師徒制度有一些瞭解，不過是站在遠處，局限於對一種已經走入歷史的制度的瞭解。現代台灣社會已經不太看得到這種師徒關係了。所以，梅林在探討印度精神導師的過程中攙雜了重新發現中國古老制度的欣喜。梅林想到，這兩個古老傳統都會凸顯師徒關係中師父和徒弟的相互發覺、尊重和成長吧？

自從發現自己對父母的憤怒後，梅林一直感到很不安。她的結論是練習冥想可以讓她的心靈更清澈，幫助她從精神上的困擾中解放出來。就像她可以努力成為一個好的佛教徒或瑜伽學習者，她也應該努力讓自己在精神上有所成長。根據她的瞭解，大家公認印度是出精神導師的地方。所以高梅林的印度之行有了第三個目標——找到一位能夠幫助她瞭解自身童年及成長過程的導師，讓她得到精神上的安寧。

梅林對台北越來越熟悉，也造訪了很多附近的寺廟。她發現要把純粹佛教的觀念，也就是可以在早期印度經文裡找到根據的觀念，從道教裡分離出來，幾乎是不可能的。道教是個完全中國的宗教思想，不管是不是道教信徒，幾乎每個中國人的思想多少受到道教教義的影響。梅林發現當年她在花蓮剛接觸佛教時觀察到的一些現象，在這十年來幾乎沒變過。多數去寺廟的信徒，甚至廟裡的一些和尚，都無法分別佛教和道教。最常見的一種解釋是「佛教和道家都差不多……一般大廟裡都供著佛教和道教的神祇」。這種話聽多了以後，高梅林再聽到這種言論時臉上總是帶著半不信、半敷衍的微笑。這類不準確的言論只會加強梅林對自己想法的信心，台灣人把不同宗教混在一起，煮成了一鍋大鍋飯。

梅林造訪過的寺廟之中，這種現象最突出的應屬位於關渡的關渡宮。關渡宮建於一六六一年，有將近四百年的歷史。關渡宮是座媽祖廟，大家公認它是北台灣的媽祖廟中歷史最悠久、香火最鼎盛的，以前與北港朝天宮、鹿港天后宮齊名，被視為「台灣三大媽祖廟」。即使在歷史這麼悠久，規模這麼宏大的廟裡面，佛道還是共處一堂。關渡宮一樓正殿奉祀媽祖、觀音菩薩、文昌帝君、國姓爺；右側奉祀建廟大德；旁殿奉祀藥師佛、阿彌陀佛、觀音菩薩、大勢至菩薩等。樓上的廣渡寺，則奉祀地藏王菩薩與信徒安奉的祖先牌位。換句話說，道教、佛教和民俗，所有的神、佛全部共處一廟。

做過一連串的工作後，包括在披薩店、超市、有機食品店上班，梅林開始替一家專門接待短期國際訪客的佛教機構服務。這些訪客中有些人是來台灣觀光，有些人是來學習的。梅林在這裡認識了瑞夫，一個來台學習中文的加拿大學生。為了省錢，瑞夫用英文課來交換中文課。台北有許多人想學英文，多半是為了將來去歐美或加拿大念書或工作。梅林卻不為所動，她還是一心要去印度。她讀到印度有二十二種官方語言，其中以說英文及印地語的人數最多。認識瑞夫給了梅林學習基本英文的大好機會。

梅林和瑞夫交換語言的課程持續了五年之久。兩個人對這個交換計畫的價值有所共識，也因此每次上課前雙方都會做充分的準備。兩人雖然年齡相近，也互有好感，不過他們始終沒有越過感情的界線，一直保持朋友關係。瑞夫想學中文的熱情和梅林學英文的熱情相等，兩個人都或多或少達到了這個語言上的目的。

梅林和瑞夫交換語言課的這五年之中，起碼交過半打的男朋友。很奇怪的是她的男友從來不會因為梅林對他們失去興趣而不滿。他們不但不怪她，相反的，還會覺得認識她本身就是一種小小的幸福，不管他們之間的關係有多短。梅林對自己有一個要求，不論任何一個男朋友她都只會記得對方的長處，或是對方最讓她欣賞的地方。梅林會在她的記憶裡或念經時祝福他們。雙方再見面時，不管時隔幾個月或幾年，梅林都可以馬上記起這個人教過自己些甚麼，比方說是教會她笑得更開懷些，或是怎如何表達自己對母親的敬愛。

有一天，上完他們的交換課程後，瑞夫宣布他要回加拿大去了，事前沒有一點預兆。他送梅林一本上面印有加拿大國旗的筆記本，裡面夾了一張寫著他的電話號碼和電子郵件信箱的卡片——有朝一日，如果梅林去溫哥華的話可以找他。

瑞夫是個受過良好教育的年輕人，他很訝異梅林居然沒上過大學。瑞夫不只一次告訴梅林，她對語言、歷史、宗教和文化的興趣，遠遠超過他所認識的一些北美研究生。瑞夫幾次建議梅林「回」學校拿個學位，得到她該應得的「社會信譽」。梅林已經花了許多時間研究台灣文化上，更別提她對印度文化和佛教歷史的興趣。

梅林非常感謝瑞夫對她的誇獎，但是她自有主張。她對她有興趣的事物都有自己的理由。她也知道在親朋好友的小圈子裡，她被視為「怪咖」。她有信心她的「怪」對她最在乎的人來說，其實是可愛與可親的同義詞，成為學術派反而會導致這個小圈圈對她產生疏離感。對梅林而言，她對印度和佛教的濃厚興趣只是反應出她成長環境中的不完美，而不是反應出她的才能。

當瑞夫和梅林交換最後道別時，梅林微微彎腰——台灣佛教徒的姿勢和她在瑜伽課裡學到的印度式「namaste」兩者的奇特混合——用她特有的調皮眼光，說了再見。梅林知道他們永遠不會再見了。

啟程

瑞夫回加拿大之後，梅林意識到也是她該上路的時候了。她在心裡想過千百遍她去印度的目的，以及該如何順利完成這次的旅程。首先，她希望對印度，這個佛教的聖地，有更進一步的瞭解。她可不願意接受印度大眾一廂情願的想法，把釋迦摩尼納入印度教眾神之一。她想要保持佛教純正的意願，就如她在台灣一直持之以恆地把佛教和道教思想分開一樣堅強。梅林計畫的第一站是去菩提伽耶朝聖。菩提伽耶是釋迦牟尼悟道成佛之處，在這梅林準備打坐修行，並從其他朝聖者哪兒學習。

梅林準備離在聖地住上三個星期，接著去世界知名的傳統瑜伽中心，位於恆河畔的瑞詩凱詩。梅林在南京西路的瑜伽老師曾數度提起她每過幾年就會回瑞詩凱詩去充電幾個月，沉澱心靈上的一些想法。梅林的興趣較廣，而且她也不是瑜伽專家，不過她還是等不及去參加一個為期三週在恒河岸旁的全套瑜伽課程。

旅程的最後一站是由北往南去南部名城邦革洛如。梅林在網路上找到一位女性精神導師琵雅瑪，她想也許導師可以給她一些教誨，幫助她撫平她對她父母的憤怒。如果這位導師願意，梅林也能接受，梅林會請老師帶領她在精神上成長。她準備在琵雅瑪位於邦革洛如城外的教場待三個星期。結束後，也就是離開台灣兩個半月後，梅林會啟程回台。梅林心想，應該有從邦革洛如飛台北的班機吧。

梅林二十九歲生日那天，瑞夫離開台灣三年後，她去銀行計算自己的存款，決定她可以啟程去印度了。二十九歲也是悉達多決定棄家棄國、離開皇宮的年齡。梅林工作的佛教團體非常鼓勵她去完成菩提伽耶朝聖的意願。但是另外一個雇主，一家小型德國麵包店的外籍老闆，可對梅林的精神之旅沒太大興趣。馬克先生直截了當告訴梅林，他沒辦法替梅林保留工作。梅林對馬克先生的反應不覺驚訝也不太在意。她對馬克先生表示，她瞭解一家店不可能長期無人照看，感謝他給她這個工作機會。如果馬克先生要找人，梅林有個室友很愛吃德國麵包，應該會是個合適的員工。

旅程的第一步是申請簽證。幾年前，她和瑞夫在交流「護照」這個詞的時候，就有先見之明地申請好護照。有了護照，申請簽證只需幾個禮拜，可以在印度台北協會（ITA）申請。印度台北協會成立於一九九五年，除了推廣台印雙邊經貿活動，它也提供領事和護照服務。印度台北協會不難找，在基隆路一段三三三號的台北世界貿易中二十樓。梅林一進協會門就聞到股特別的味道，印度的味道，協會的牆上到處貼滿了地圖和宣傳照片。這種雙重感官上的刺激馬上使梅林興奮起來。

這個古老的國家充滿了帶點漫不經心的自信，和梅林碰到過的中國大陸旅遊團裡的遊客給她的感覺有點像。中印兩國都是文明古國，不管碰到甚麼新鮮事，他們的子民都以一種以不變應萬變的態度來回招。梅林突然想起她的父親老高，還有很久以前老高告訴她的，他們在中國西南部的老家，距離印度和西藏邊境不遠的故鄉。梅林已經很久沒有想起老高了，更不用提對老高會抱有甚麼正面情緒。也許這是個預兆，預示著印度能夠解除她對童年和父母越來越強烈的不滿。

一拿到印度台北辦事處發的一次入境觀光簽證，梅林就趕去這幾個月來跑過好幾趟的旅行社。這家位於中山北路上的旅行社專精南亞旅遊。梅林用台幣買了兩張單程票。雖然來回票可以省錢，梅林還是決定北進南出，給自己省點力氣。她的去程是一張二月十日台北飛印度北邊首都新德里（New Delhi）的華航機票，回程是一張四月二十四日由印度南部的邦革洛如回台北的馬航機票。

雖然還沒踏出門就已經花掉她不少為數不多的存款，梅林並不心疼。不過，另外一件小事卻很讓她頭疼。有人告訴她，在國外還是可以用ＡＴＭ提款。可是旅行社的人和印度協會的人都叮嚀她，最好帶些現款在身上。新台幣不能直接兌換成印度盧比，所以她得在出國前先換到足夠的美金。高梅林想不通為什麼一個台灣人去印度還得扯上美國，不過為了保險起見她還是先換了足夠的美金，免得到時要用現款遇到麻煩。

梅林知道她該小心的地方還有很多。比方說，她必須時常檢查自己帶的行李，尤其是金錢和護照。在一個人生地不熟的國度，掉了東西就麻煩了。她又想到如果在印度真碰到需要幫忙的時候，她要如何通知台北的朋友呢？她未雨綢繆地叮囑她的室友，萬一需要匯錢給她的話，得匯美金，不是新台幣。兩位室友緊張地直笑，要梅林多小心。梅林懷疑她們的勸告其實是一種警告，暗示梅林她們不太確定到時候是否幫得上忙。

等到事情都辦得差不多時，也快過農曆年了。梅林決定先整理好去印度的行李再回花蓮過年。每年放年假梅林都會回花蓮陪母親。梅林準備在年假尾，離開花蓮回台北的前一天，才把她要去印度這事告訴母親。如果太早說的話，她的年假不會好過。母親一定有問不完的問題，她那群親朋好友裡面有很多喜歡潑人冷水的。梅林不想聽那些掃興的話，比方說印度有多可怕，一個單身女子旅行有多危險等等。其實梅林台北的室友已經說了不少她不想聽的話，梅林心知肚明，她們八成覺得她瘋了，更擔心她這一去恐怕凶多吉少。

梅林坐在從台北往花蓮的火車上，靠著窗子看著外面的海景。列車經過宜蘭時，梅林開始想到馬上要開始和母親獨處的一段時光。母親知道梅林對自己的童年越來越不滿嗎？她們母女從來沒吵過架，基本上她們從來不提感情上的問題。梅林知道自己在梳理感情方面是個生手，所以才會想到去印度找個精神導師，藉助他們的智慧幫自己解決這類問題。梅林有自知之明，她在情感的湖水裡不是個善泳者。她想要尋找答案的堅持是對的嗎？或者她該學學母親，把所有的不滿都吞下去，外表上不留一絲痕跡？母親那樣做，不也安安穩穩地過日子嗎？

新德里

高梅林從台北直接飛到新德里，她在英迪拉．甘地國際機場附近訂到一家相當不錯的酒店。梅林打算在這裡整整住三個晚上，適應新環境，仔細規劃去菩提迦耶的行程。幾個月前人還在台北時，她考慮過參加由佛教團體舉辦的菩提迦耶旅行團。辦簽證時，印度台北協會就推銷過「印度佛教聖地列車」，以專屬的冷氣火車帶遊客遊覽與佛陀有關的幾個景點，除了菩提迦耶之外，還有鹿野苑（Sarnath，佛陀初轉法輪）、倫比尼（Lumbini，佛陀出生地）、拘尸那羅（Kushinagar，佛陀涅盤處）等地。但是到了最後一刻，她還是覺得這些旅行團的商業氣息太濃，不如自己來比較經濟可靠。現在，在離地面三萬英尺的高空中，高梅林懷疑她是不是做了一個嚴重錯誤的決定。她當時是怎麼想的？在經過六個半小時的飛行之後，跟從導遊的指揮是不是更容易些？她又何必傷這種腦筋呢？

除了費用方面的考量，高梅林之所以決定自行規劃印度之旅，理由還包括她一直覺得自己是頭孤獨的狼，雖然在台灣她對同為佛教徒的朋友都很友善。有兩個原因促使梅林把自己從這些可能前往菩提迦耶的朋友中放逐出來。首先，她喜歡把道家思想和佛家思想區分清楚。這是她從少女時期就堅持的原則，連她的父親都無法理解她的執著。父親常說：「你看，台灣是一個慷慨的地方。正如你母親和其他當地人都敞開心扉，接納像我這樣的外省人，與他們和諧共住在花蓮，所以道教和佛教也應該可以和平共處一廟。」隨著時間的逝去，梅林在雲端上這架噴射客機的座位上，想起十五年前父親說的這段話。梅林發出一聲「hrumph」！她還記得父親慷慨讚美母親的言詞，但是如今回想起來，他的行為卻遠跟不上他的文字，以至於梅林現在只覺得反感。

隨著高梅林渴望瞭解「真正」的佛教和道教的不同，也可看出她和台灣佛教界朋友的另一種不同，那就是她對個人隱私權的堅持。梅林對社會規範和道德有獨到的見解；她不喜歡在她的朋友之間那種清教徒式思想的制約。這種制約是不言而喻的。有一次，在短短六個月內她帶過兩個男友參加佛教組織的聚會，難免引起朋友之間的閒言閒語，例如「這位看起來並不像你前陣子才向我們介紹過的男士？發生什麼事？」，或者「這個人知道你的前一任僅僅留任幾個月嗎？」她不明白這些人為什麼如此大驚小怪。梅林有許多朋友都是未婚，有些人結了婚，婚姻卻不幸福，還有些人顯然是同性戀。不過整體而言，他們的所發出的信號是一致的，她應該嫻靜和忠實地屬於某一個人，即使她還沒有結婚。

無論如何，他們並無惡意，只是一種戲弄。現在，她在高空中反思，梅林突然渴望能夠與從台灣出去的旅人在一起。當然她可以用她自己的方式找到菩提迦耶，但是她已經開始渴望和同胞一起享用台灣的食物了。還沒有抵達印度，梅林已經開始想念這個農曆她和母親一起準備的美味年菜了。

從位於台北市中心的公寓得花一個半小時才能到達桃園國際機場，在機場等了兩個小時才上機，外加六個半小時的飛行時間——旅行了一整天之後，梅林的生理時鐘並未太混亂。飛機降落在英迪拉・甘地國際機場時，梅林感到既緊張又興奮。這裡還只是傍晚，印度時間比台灣慢兩個半小時。過海關的過程漫長，充滿未知數。輪到梅林的時候，她已經排了二十分鐘的隊伍。梅林手心出汗，中年男性移民官員面無表情地看了她一眼，粗聲粗氣地叫她出示簽證。梅林把護照翻到正確的頁面。

「你告訴我一件事（You tell me one thing，這是一句很常聽到的印式英語），」他說，「你來印度有什麼目的嗎？」

「首先，我是要去菩提迦耶。再來，瑞詩凱詩。最後，我要去邦革洛如見 Priyama 大師。」梅林回應。

「你是個觀光客？」他一邊點頭給梅林下了個定論，一邊在梅林的護照上迅速蓋了個章，揮手示意她前往行李處去認領行李。

這時花蓮突然湧現在梅林心頭。梅琳回想起她在十歲左右那年，她和朋友們在太魯閣國家公園山中一條河流的源起處玩跳石，從一塊石頭跳到另一塊石頭上，慢慢跨越那條河。梅林回到十歲時的自己，覺得她已經成功跳到第一塊石頭上，享受著暫時的安全，耳邊飄來的是運氣沒她好的朋友摔在冰冷的淺水中發出的尖叫聲。現在，是該規劃自己下一步行動的時候了。

她不知不覺走到行李認領區，梅林在腦海裡重溫她與移民官員的英語回答。她的英語有點生疏，到底瑞夫已經離開台灣滿久了。梅林覺得她當時應該說：「我要去菩提迦耶（I am going to Bodhgaya）」，而不是「我是要去菩提迦耶（I am go to Bodhgaya）」。不過她的英語足夠她在印度旅行，她想。毫無疑問，她的語言能力將每天提高——這將是她此行的意外收穫。在台北，她每天會碰到很多機會，這裡用一個字或那裡讀一個字，但是從來沒有機會每天用英語來應付生活上的各種需求。

梅林突然回過神來，想起她應該檢查一下隨身的貴重物品。她停住腳步，摸摸看護照是不是還緊緊地綁在身邊的袋子裡。她從同一只袋子裡拿出兩張二十美元的鈔票。等她取回所有的行李，就需要換錢好坐計程車。去酒店四十美元應該是綽綽有餘，也許還可以剩下些「零錢」來應付可能存在卻無法事先預見的麻煩。在機場換錢的匯率大概不會有外面好，但梅林想還是先換一點保險些。梅林是很小心的，隨身還帶了一個小行李袋，裡面有足夠幾天換洗的衣服，以應付背包可能莫名其妙遺失的狀況。

梅林對甘地國際機場三號航站大廈大為驚歎。它不但大而乾淨，而且不擁擠——完全和梅林想像中的破敗和混亂相反。這座現代化的機場是南亞地區最大的航空樞紐，在新德里舉行二〇一〇年英聯邦運動會時完成。該機場每年處理超過四千六百萬的旅客流量。高梅林是第一次搭飛機；那天早上她已經覺得桃園國際機場是座大機場了，但是印度這座機場更是令她印象深刻。

儘管機場建築如此宏偉，但是一走出機場，路邊的混亂就出現了。計程車並排停成好幾行，或者說根本無隊伍可言。兩名年輕男子走近梅林，想誘她搭上根本不見蹤影的計程車。他們一定是拿司機傭金的代理，梅林想。高梅林沒理會他們，繼續往前走向計程車招呼站。這似乎是找車最安全的方法。她預訂的天堂花園酒店離機場不遠，她可以預付出租車費，省掉談判車資的麻煩。車費應該不會多於幾百元台幣，她想。

她的計畫順利進行。高梅林預付了一輛計程車，然後被引導到指定的候車點。司機對她毫無興趣，顯然不高興接到這麼一趟短程。十分鐘後，車開到了天堂花園酒店門口，司機顯然預期拿小費。她給了那傢伙幾塊錢，然後迅速下車。雖然在台北的幾份工作都有小費，那一刻她覺得台灣的習俗和傳統比較優良：搭計程車不用給小費。

沒必要想太遠，梅林想，她剛剛安全跳上第二塊石頭。高梅林在酒店外面站住，看看四周，彷彿再一次成了十歲的女孩，試圖在逐漸加深的河流裡找到兩個朋友。她的下一跳會把她帶到快速流動的河心，遠比前面幾跳危險。梅林回過神來，看看身後，天堂花園酒店的大門外，就是吵雜而複雜的印度夜生活。幾乎是一片黑暗的天空讓她無法看清細節。在她面前的酒店提供給她暫時寧靜的承諾。一個與梅林看似同齡的英俊服務生迎上前來，他的名牌寫著「RAJU」。

「歡迎來到天堂花園酒店。我們會照顧您的行李。」拉朱微笑對梅林說。

幸運的是，天堂花園酒店附設一間餐廳。梅林住進位於五樓那間樸素但清潔的單人房後，又回到樓下吃一份簡單的晚餐。她想起在台北的時候，有位去菩提伽耶朝聖過的女尼提供她三點建議：一，不喝生水；二，有疑問時，只吃白飯加小扁豆[3]；三，始終保持右手的乾淨，右手是專用來吃飯的。梅林點了白飯，煮小扁豆和熱茶，吃完後迅速回到自己的小房間。明天，她將開始她的探險。

第二天的氣溫是攝氏二十度，舒適宜人。梅林將背包和行李袋留在旅館裡，帶著所有的錢和護照出門。她決定從這一刻起一直到安全返回台灣為止，這是她必須遵行的原則；如此一來，即使小偷偷走兩只袋裡的東西，她還然有證件和錢可以回國。她梅林走出天堂花園酒店，在明亮的日光下第一次踏上印度的街道，突然被印度的景象聲音和氣味整個包圍住。

露天市場距離酒店一英里左右，高梅林所有的感官都處於高度戒備狀態：氣味，是她從來沒聞過的，有好的也有令她作嘔的；聲音，是她從來沒聽過的，由車輛的喇叭聲和街角蹩腳的擴音器傳出高八度音樂的奇怪組合，外加小販努力叫賣商品，想要在吵鬧的環境中被聽見的大聲嚷嚷。雜亂讓她不安，但也讓她倍感興奮，經過這麼多年的規劃後，她終於來到印度的那股興奮。

突然，在遠離台灣熟識的環境後，梅林在兩種極端感覺之間搖擺不定游走於她正體驗的「未知」所帶來的極度興奮與恐懼之間。剛到的那幾天，她不敢在大街上吃任何東西，雖然小販的推車令她聯想起台北的夜市。她多麼渴望熟悉的臭豆腐氣味，她知道到台灣的旅客總會評論臭豆腐的味道。但是，從這裡或那裡所發出的可怕氣味卻是另一種，完全不同的氣味。

雖然沒有特定的目標，梅林意識到自己走得很快；不斷走近她向她乞討的乞丐，數量之多令她感到不安，其中有些人看起來很絕望，有些人看得出來是在演戲。身為一個佛教徒，直覺叫她停下腳步，與每個和她相遇的靈魂目光接觸。早先，離開天堂花園酒店時，她打算遇到任何向她乞討的人都會給幾個硬幣。如今，在就要被缺乏食物的人群淹沒的這一刻，她不得不放棄這個高尚的想法。同時，她也做了個決定，回去趕快換上當地人的服裝，很明顯的，她之所以被騷擾有部分是原因出在她看起來像外國遊客。

再次回到她所投宿的酒店範圍內，梅林整理自己的思緒。她很驚訝就在這麼短的時間內，天堂花園酒店已經成為她在這個陌生國家中的綠洲。這一整天，梅林以酒店為基地出門跑了幾趟短程的探險，就像第一次去露天市場時一樣。她很快瞭解當地人的行事

3 Dal 是小扁豆的印地文。小扁豆在印度菜裡是很重要的食材，常有各種不同扁豆做成的各式配菜。

準則。比方說，她在一家珠寶店換了兩百美元的印度盧比，和機場的匯率相比，這家店的匯率好多了。這是天堂花園服務台工作人員給她的建議：最好的匯率在小珠寶店，因為他們需要外匯才可以在國外買到珠寶原料。

梅林又出門買了三套不同的旁遮普省衣服[4]，她希望這些衣服可以使自己看起來不那麼像外來的遊客。紗麗是美麗的，但她不懂怎麼能把一匹布纏成衣服，更擔心她會被布絆倒，或是更慘的把不該露的地方暴露出來。最重要的是，旁遮普衣飾不會強迫她改變隨身帶護照和錢的方式。

在天堂花園咖啡廳，她從未改變一日三餐都吃「米飯和小扁豆」。服務人員很快就瞭解她的習慣。他們一走近她的桌子點餐，總是帶著「我知道」的微笑。除了米飯和小扁豆，梅林嘗試過幾道她認為安全的菜：湯、烤餅和幾款甜點，但是大部分時間她堅持照著台北朋友的建議，吃最簡單的餐點。

第二天，天堂花園酒店禮賓處的拉朱幫她預約午夜快車摩訶菩提快線到菩提伽耶，全程大約十二個多小時。火車和位於菩提迦耶市內的著名寺廟同名。梅林很高興新德里火車站與伽耶之間居然有直達的特快列車。顯然，還有很多和她一樣的朝聖者熱中前往菩提迦耶參觀佛教發源地。菩提伽耶是位於比哈爾邦的一座城市，介於德里和加爾各答之間。從伽耶火車站可以轉搭公共汽車到菩提迦耶，這段路程大概只有十二公里左右，旅客絡繹不絕。梅林估計，這一段應該只需要再花個幾盧比。

拉朱建議梅林買沒有冷氣的二等臥鋪票，晚上就睡在三層夾板中的一層，沒有床單、枕頭或毛毯。另一種選擇是付三倍的價格買豪華車廂的票，有冷氣而且每邊只有兩個鋪位。只要她的行李不多，可以全部放在身下。買二等票就可以了。二等車廂甚至還更好，拉朱說，車上人多意味著有更多雙警覺的眼睛互相照看。高梅林聽從了他的建議。

第三天早上起床後，高梅林仔細整理好行李，下樓吃她在酒店咖啡廳的最後一餐。服務員似乎就住在酒店裡，可能在酒店後面的某一處，現在已經成了她信賴的朋友。他們知道她要的是白飯、小扁豆和馬薩拉熱茶。在那個特別的早晨，梅林覺得簡單的飲食相當的不平凡。她不太記得她和台灣的人為什麼每天一定得吃那麼多不同的食物。簡單就是美，她想。它是因貧困產生的想法，還是印度送給世界的禮物？或者這是高梅林從

---

4 旁遮普婦女不穿紗麗，而穿兩件式的長上衣加長褲。

朋友給她的建議中，為印度下的定義？無論如何，來到印度給了她一個機會，發現一個新的想法：簡單就是美。

高梅林一向注重細節，她注意到周遭存在的所有事物，從人們如何看她、各種刺激視覺的顏色，到耳邊充滿的各種聲音，不論是悠揚的或是破壞性的。來到印度後，她所有的感官似乎都受到影響而有所調整。摩訶菩提快車在下午兩點過幾分後離開新德里站。在探索火車站附近那個不同的城區之前，梅林得先確保她知道所有需要注意的步驟才能安穩地登上火車。禮賓部的拉朱曾警告她，下午的火車站將會是一片混亂，一個獨自旅行的女人最好不要看起來一臉迷路的樣子。

拉朱不但幫梅林買到一張從德里到菩提迦耶的火車票，在她住天堂花園酒店的兩天內，他還給了梅林不少有用的建議。拉朱有些感傷梅林馬上就要離開了，他陪著梅林走到距離酒店幾條街外的公車站候車。穿著酒店制服的他站著，陪梅林等前往市區的公車載梅林去新德里火車站。上車後，梅林感激地朝他招手道別，心裡微微感到一股興奮。「真是個好人，」梅林想著，「我們還會有機會再見嗎？」

摩訶菩提快車

自一九五三年以來，菩提伽耶已經發展成一個遊客朝聖的國際聖地。來自台灣、斯里蘭卡、泰國、西藏、緬甸和日本的佛教徒，都在那座寺廟步行距離內建立屬於自己的寺廟。佛陀悟道兩百年之後，也就是大約西元前二五〇年左右，孔雀王朝的阿育王征服了菩提迦耶，並在當地建立一座精舍和寺廟。

據說，寺廟就建在悉達多圓寂達到涅槃之處。此時，阿育王已經停止早期所經歷的流血生涯，轉而接受佛陀的和平教義，並以此度過他的餘生。雖然一般普遍接受阿育王是摩訶菩提寺的創始人，現存的寺廟其實是日後所建，建於大約西元四五〇至五五〇年之間，也就是阿育王去到菩提迦耶七百年後。

一想到就要在新德里登上一列以偉大寺廟命名的快車，而這座寺廟是在一千五百年前建成，象徵和紀念佛陀的轉型，高梅林就像每一個前往菩提迦耶的虔誠朝聖者一樣，那股興奮在持續加溫中。她意識到，這列特快列車和她將前往的終點同名：現在目的地和行程終於合一了。

高梅林繼續按照計畫行事。她下了公車馬上進入火車站，詢問乘車的月台。一找到月台，她想像登上摩訶菩提快車的情景，然後再一次確認車票的日期是正確的。最後，她確認到目前爲止列車都還準時。她太過專注於這一連串的檢查，沒有留意她的周遭。直到這時候，放下心來，她開始觀察火車站本身的環境。人群無所不在：在長椅上和滿地上都是。梅林無法想像如果沒有買好劃好位的車票，會是怎樣一個情景？有些無家可歸的人會不會長期生活在這座巨大複雜的車站裡？

完成有些過於詳細的旅遊細節檢查後，高梅林轉移注意力，尋找存放行李的地方，讓她可以無牽無掛地在新德里四處走動。距離發車時間還有四個多小時，梅林可以到月光集市（Chandni Chowk）區逛逛，只要在下午一點半以前回到車站就可以了。月光集市離車站不遠，是拉朱建議她去探險的地方；拉朱告訴她，這一區有豐富的歷史，體現印度多元的宗教生活。拉朱知道梅林的宗教熱誠，所以在紙上寫了四個「非去不可」的地方：Digambara 耆那教廟；高里尚卡爾寺（Gauri Shankar），八百年前建造、紀念濕婆神的印度教廟；希斯甘吉謁師所（Gurdwara Sis Ganj），一座建於一六七五年的錫克教寺廟；最後是金色清真寺（Sunheri Masjid），一座十八世紀的清真寺。高梅林手裡攥著拉朱寫的小紙片，決定聽從拉朱的建議。

月光集市完全超出梅林的想像。它一定是世界上最混亂、最擁擠、最複雜的城區。雖然在街頭漫步很有意思，不過，梅林決定去參觀寫在紙片上這四座寺廟，分別代表當代印度四大宗教：耆那教、印度教、錫克教和回教。為什麼佛教在這塊土地上不再受到重視？為什麼拉朱希望她來拜訪這幾個宗教聖廟，而不介紹佛教寺廟給她？她不是還特別告訴過他，此番來到印度是爲了瞭解悉達多悟道的地方嗎？梅林突然覺得，儘管這地區魅力十足，她必須繼續專注於她既定的使命：探索佛教的發源地。迷失在這片宗教海域固然有趣，卻是一種干擾。梅林暗下決心，她應該對陌生人的意見保持謹慎的態度，比方說對天堂花園酒店的門房拉朱的意見。

兩個小時後，差不多中午時分，高梅林回到了火車站。站內令人難以置信的忙碌。她觀察到隨處可見許多人似乎在共用午飯-用右手從不鏽鋼的茶盒裡拿出食物。她取出她的行李袋往月台走。她身上穿的旁遮普服裝對她的身分造成戲劇性的改變，感覺自己已經部分當地化了。經過四天的印度冒險，她開始覺得自己雖然沒有完全「印度化」，但也不再是在台北市區那家馬克先生麵包店工作的高梅林了。當然，別人看不看得出她有什麼不同又是另外一回事。

進入車廂後，她發現五個車友是一家四口，包括看似戶長的男子和他的母親，外加一個外表嚴厲，看起來四十歲上下的單身女性。太好了，梅林想：不可能找到比這個更好的組合，陪伴她接下來這十二個小時的旅行。她坐在靠窗的座位，面朝前。她認為這是車廂裡最好的座位，因此預期可能會有人抗議，但是沒有人對此有反應。

一個十歲的女孩坐在她對面，往火車尾端的窗口看。女孩挑起梅林在花蓮的童年記憶，一段重複出現的畫面，景象歷歷在目，彷彿又回到了當年的現場。梅林再度看到自己站在河水洶湧的岩石上。兩個朋友叫喊著：「梅林，梅林，回來。我們要回家了。」梅林痛下決心；河已經過了一半，她決定離開朋友，一個人繼續走下去。她揮了揮手，試著告訴他們她決定繼續前進。然後，她轉身注視腳下的河水，再次集中精神躍到下一塊石頭上。

同車廂的男人殷勤地幫梅林把她那兩個袋子放到上鋪正上方。男人的妻子和看起來應該在七十五歲上下的母親，對梅林帶著保護性的微笑。坐在梅林對面中間那個座位的是個四十歲來歲的婦女，身上穿著一件顏色鮮豔的紗麗，選擇不與任何人的目光接觸。

梅林的右邊坐著祖母，再往外的兩個座位，距離視窗最遠的則是那對夫婦，彼此面對面坐著。既然安全上了火車，離開新德里車站，高梅林覺得接下來的十二個小時沒什麼可擔心的。她給自己放鬆的權利，重新審視那天早上在月光集市的探險。她第一個參觀的地方是耆那教寺廟，她在那附近的資訊中心隨手拿來的文宣上面寫著：

馬哈維亞被認為是耆那教的最早也是最重要的發起者之一。他和悉達多幾乎是同時代的人。西元前六世紀，馬哈維亞和佛陀一樣，反對當時盛行的婆羅門教。耆那教徒就如佛教徒，反對婆羅門教徒宣揚的社會階級論，社會階級論認為只有某些種姓的人可以完成救贖。耆那教徒對輪迴有獨特的詮釋，他們相信救贖可以透過一串連續的生命輪迴來實現。他們的自我改善計畫有一個關鍵要點，就是非暴力的作法，包括不傷害所有眾生。對許多虔誠的耆那教徒而言，所謂非暴力包括嚴格遵守維持純素（vegan）飲食。儘管佛教慢慢從印度消失，卻在這個次大陸以外的地方，如東南亞、中國和日本崛起，這是一個有趣的現象。耆那教繼續在印度盛行，卻從來沒有發展到超出印度的地方。今天，有四百萬到五百萬耆那教信徒，耆那教徒是世界上最有文化和經濟成就的宗教團體之一。

接下來，高梅林發了兩小時的呆，望著窗外的印度中部北方省邦常見的美麗的田野和小村莊。火車抵達阿利加爾（Aligarh）時已是下午四點左右，梅林發現乘客開始準備晚飯相關的活動，不是在月台上買餐盒，就是買些配菜，以補從家裡帶來的飯菜之不足。雖然時間還有點早，這麼做是有道理的，因為列車駛入下一站坎普爾（Kanpur）的時間應是晚上八點。那天早上梅林在月光集市買了食物，她估計應該足夠讓她撐到她在菩提迦耶預訂的旅館：一個大水瓶、堅果、柳橙、一塊麵包，還有三條巧克力棒。火車駛出阿利加爾站，梅林恢復催眠的狀態，望著窗外，回憶童年，咀嚼她在月光集市所體驗的細節。參觀過耆那教寺廟後，接著她去了高里尚卡爾的印度教濕婆神維什瓦納特寺廟。

所謂的印度宗教，比耆那教和佛教早了大約一千年左右。目前，至少有八十%的印度人自認是印度教徒。對大多數人來說，印度教是指擁抱共同的儀式、信仰和傳統，承認大眾所熟知的諸神權力。有些教徒相信各路神仙其實是同一個神，梵天的多面化身；但是其他教徒則認為，每個神都有個別的身分和個性，值得個別奉獻。無論個人或家庭採信哪一種宗教或形而上學解釋，印度教信仰的結構都和簡單日常行為結合在一起。

印度教徒通常有著共同的禮儀：食品的作法和吃法、衣著、節日、結婚和死亡的儀式。印度教的核心概念包括因果報應、禮法、輪迴，已經盛行於南亞數千年之久。印度學者不斷地重新定義這些概念，也間接透過這個次大陸的其他主要宗教重新詮釋。對印度教徒，因果是「種甚麼瓜，結什麼果」的整體思路，適用於教徒的行動與思想，最獨特是以一生為衡量基礎。禮法，是指通往「生活正確途徑」的行為。誰可以決定什麼是「正確」的方式，不論是在印度教內或教外都是討論的焦點。最後，對大多數印度教徒而言，輪迴是靈魂或自我，而不是簡單的意識，它在肉體死亡後繼續存在，並根據因果繼承，轉世為另一個生命。

由於印度教供奉眾多神明，基本上可以說是多神教。但是，在許多宗教學者專家眼中，印度教所有的神都源於一個單一的神：因此，它也可以被視為一神教。無論如何，印度教在群眾在印度和其他地方信奉時是靈活的，不拘一格的，並很容易把其他外來的神容納進印度教內，通常是把外神解釋為傳統印度教各神的化身。印度教神祇眾多，其中三大神是梵天（梵文：ब्रह्मा，Brahma）、毗濕奴（梵文：विष्णु，Vishnu）和濕婆（梵文：शिव，Shiva）。梅林參觀的是供奉濕婆的特定寺廟，代表濕婆派（Shaivites），印度教內兩大教派之一。第二個教派自稱毗濕奴派（Vaishnavites），教徒主要信奉大神毗濕奴和他的許多化身。

三個多小時後，雖然尚未到坎普爾市，高梅林搭乘的車廂已經熱鬧起來。同車廂的十歲小女孩對梅林很好奇：

「你叫什麼名字？」

「你從哪兒來的呢？」

「你為什麼在印度？」

「你喜歡吃什麼？」

梅林起初不願多談，但漸漸對小女孩產生好感，再說她覺得這是練習英語的好機會。梅林開始回答女孩關於生活上的種種問題，四個大人也仔細聽。最引人注意的是坐在梅林對面那個面容嚴肅的女人，她慢慢地放鬆，加入交談。火車抵達坎普爾的時候，梅林不但透露比先前對任何人所透露的都要多的私事，同時她也對其他乘客有了粗淺的認識。

小女孩告訴梅林他們一家四口住在伽耶，這次到新德里拜訪親戚，目前正在返家途中。他們的母語是比哈省的方言，但是顯然他們也講流利的印度國語印地文。方言加國語這種組合，梅林很容易理解。在她看來，這現象和台灣很像，在台灣有七十%的台灣人在家講閩南語，但也會說流利的國語，甚至用一個句子裡往往混合兩種語言的說話方式。

這一家人的丈夫、妻子和小女孩的英文口語能力和高梅林程度差不多，所以大家對談話很滿意，雙方都全神貫注地聆聽對方講話，努力回答。外表看起來很嚴厲的女人事實上並不嚴厲。她是新德里一所高中的歷史老師，和她交談令人感覺愉快。她去菩提迦耶參觀是為新學期要講授的佛教課做準備。她的丈夫答應她會照顧十二歲的兒子，讓她可以無後顧之憂地離家四天。她不習慣獨自旅行，所以她對高梅林的剛毅獨立印象深刻。最後一個乘客，即女孩的奶奶，溫暖和藹，但不會說英語，所以她對談話的貢獻有限。小女孩告訴梅林，奶奶幾乎不會說印地文，和家人完全以比哈文交談。

高梅林的新朋友們看到她準備的食物有些吃驚，立刻邀請她分享他們的食物。梅林雖然心動，依然決定要繼續嚴格控制飲食，維持一段時間：有得吃就吃白飯和小扁豆這兩樣，外出旅行時只吃水果、麵包和堅果。

過坎普爾一個半小時後，車廂裡的乘客彷彿同時受到暗示，每個人都開始準備過夜的床鋪。到目前為止，一直是折疊起來作為乘客背部支撐牆的中間鋪位被拉出來，六個乘客都有可以睡覺的填充板。一旦床拉好了，六位乘客迅速撤退到自己的床上。梅林還不累，所以她躺在床上繼續回想早上在新德里的探險：耆那教、印度教和錫克教。

錫克教徒的人數只占印度總人口的二%，在現代印度史上占有重要地位。十五世紀，那納克大師（Guru Nanak，1469-1538）在印度次大陸的旁遮普地區成立錫克教。從一五〇七年到一七〇八年是錫克教的成型期，在那納克大師以及九位接替他的大師領導下，為幾個關鍵下了定位：一神論、平等、每日崇拜。錫克男人以他們的鬍鬚和五顏六色的頭巾為標誌；很多人都取同一個名字「辛格」（Singh），女人通常叫「卡舞」（Kaur）。錫克教有很多關鍵信念都可以在廣義的印度教中找到，如輪迴、奉獻、同情。同時，錫克教信仰中也有一些伊斯蘭教的觀念，如一神論、種姓之間的平等、慈善組織及活動。

高梅林開始覺得昏昏欲睡。躺在上鋪上，火車隆隆前進的聲音，加上前後輕輕搖晃的節奏，這是她能想像的最舒服的入睡方式。不過，在讓進入睡鄉之前，她又憶起那天早晨參觀過的第四間廟宇，建於十八世紀的金色清真寺。她溫習自己對清真寺和伊斯蘭教的一些認識。

蒙兀兒王朝信奉的是伊斯蘭教，這些穆斯林在一五二六年至一八五七年間統治印度。印度北部許多具代表性的地標建築，如金色清真寺和位於阿格拉的泰姬瑪哈陵，都是在這段蒙兀兒王朝統治印度時期建造的。除了建築，北印度的流行和古典文化，包括音樂、美食、舞蹈、建築、詩歌和文學，或多或少都受到印度伊斯蘭教社會的影響。今天在印度，伊斯蘭教徒主要集中在某些地區，包括北方邦、喀拉拉邦、西孟加拉邦、安德拉邦和加爾各答，約占印度總人口的十五％。伊斯蘭教是一神論，不相信輪迴、因果報應等佛教的觀念。

英國殖民統治最初是以東印度公司的形式於進入印度，時間在一六〇〇年左右。然後，它慢慢地控制了印度各地部分的政治和行政權。同一段時間，蒙兀兒王朝的權力控制相對減弱。伊斯蘭教於西元七世紀出現，阿拉伯和印度之間的貿易比這個時間更早，一般認為第一個阿拉伯的穆斯林在西元七世紀末到印度定居，也距離穆罕默德於西元六三二年去世後不久。這些穆斯林是第一批移民，到了十一世紀和十二世紀，又有幾批穆斯林從阿拉伯半島及今之土耳其移居印度。

就在温習印度穆斯林移民史的過程中，梅林不知不覺睡著了。她不曉得自己是何時睡着的，不過到了早上五點半左右，就像前一晚大家同時就寢一樣，所有的乘客幾乎在同一時間醒來。每個人都坐在自己的座位上準備迎接即將抵達的伽耶。十歲的女孩坐在梅林對面，重新啓動沒問完的新一輪問題。

「你的『故鄉』的天氣怎麼樣？」她先問。

在此之前，不論是在在台灣或在新德里，梅林對天氣從未多想過。這時候，她不得不考慮這個問題，她坦言二月份印度的天氣暖和舒適，有點像九月下旬的台北天氣。貌似嚴厲的高中老師告訴梅林，在這個區域的北印度氣溫可以上升到攝氏二十八度，也可以冷到只剩十八度；梅林在書上讀過的季風降雨，在這個季節是沒有的。

七月的台灣是難以忍受的炎熱，她告訴同車廂的這些朋友，但是從十一月到二月的冬季，台灣可以變得相當寒冷，寒流一來氣溫可以低至攝氏五、六度。女孩和大人都頻頻點頭表示理解；這種天氣模式和印度北部相似。真正的差別，他們得出一個結論，是印度的季風暴雨，整個印度次大陸有長達一、兩個月的時間會降季風雨，通常是六月到九月之間，這段時間是印度的雨季。

火車駛入伽耶，他們無法再繼續話題，高梅林與女孩的母親及那位歷史老師交換了地址，大家急忙下了火車。梅林在月台上檢查行李：她身邊有背包、行李袋，裡面裝滿了剩下的食物和另外兩套旁遮普服裝，護照袋則牢牢壓在她的身側。完成十二小時的旅程後，此刻梅林內心充滿成就感，還有和新朋友交流後所帶給她的溫暖。高梅林對自己的印度行更有信心了。

梅林慢慢地離開車站，尋找可以帶她到菩提迦耶的交通工具。諷刺的是，在火車上遇見一個十歲的女孩之後，她逐漸不再去回想在花蓮那段兒時舊事。在尋找帶她前去菩提迦耶的最後這短短十二公里的旅程，高梅林想起兒時過河的最後一個影像：快速跳上淺灘上的兩塊石頭後，她得意揚揚地來到河的對岸。然後，她迅速轉身，對遠處那兩個朋友揮手。她做到了；她記得成功渡河的開心，奇怪的是，她卻記不得渡過洶湧的河流到另一邊去的目的是甚麼了。

結論是生活的過程往往比目的更重要，高梅林再次集中精神面對身邊的現實：站前擁擠的人群。伽耶街上的人群和小販所帶來的威脅性，不及前一天在新德里碰上的。饑腸轆轆的梅林聞到食物的味道，附近手推車上有人燒起油炸的早餐。也許她可以允許自己開始食用些當地的食品，尤其是在這個特別的早晨，大部分食物不但看起來誘人，聞起來也很誘人。

菩提伽耶

梅林下了停在摩訶菩提寺大院前的公車。在這個攝氏二十五度、氣溫理想的上午，天上還有些散雲。大院裡已經擠滿了來自世界各地的朝聖者，許多人身上穿著紅色長袍，顯然是各個國家的僧侶。梅林在佛教徒朋友的幫助下，在台灣就上網上訂好了住宿，她預定的涅槃佛法中心就在聖地附近，據說主要客源是來自緬甸的遊客和朝聖者。她打算在這個修道院式的小屋裡住上三個星期。只要付一筆以週計算的合理租金，梅林可以在女性專用樓層享有一個小房間，加上公共浴室。房價包括食宿，相較之下，新德里的天堂花園酒店顯得很奢侈。這間旅館包簡單的一日三餐，基本上是僧侶式食物，也就是她已經習慣了的白米飯、小扁豆加茶的變化。

梅林問過幾個當地人之後，包括一個茶站的女人、一個和尚和人力車司機，才找到這個臨時的家。那個女人很熱心，揮動她的手說著：「往那兒，往那兒，大約一浪（furlong）遠[5]。」顯然她不知旅館的地點，卻熱心相助，梅林很感激她。在台灣也會遇到這樣的人。接著，梅林問一個貌似緬甸人的和尚；這個和尚既不說英語也不說中文，而且還羞於直接與女子說話。最後梅林找到一個似乎識路的人力車司機，答應以幾盧比的代價帶她到涅槃佛法中心。高梅林跳上人力車，很高興能夠離開人群，坐在後座的雨棚下看著路過的行人。

在涅槃佛法中心負責接待的男子很興奮地迎接高梅林，立即請她在留言簿簽名。「怎麼樣？」他問。「在這裡簽名。你還喜歡嗎？」

「看起來不錯，但我還不知道。我才剛到。」

「你會喜歡的。你會喜歡的，」他重複了兩次。

以自己旅店為傲的老闆叫來他的助手，很可能是他的女兒，帶梅林去位於女性專用區的房間。十八歲的女孩帶著梅林爬上四樓。她教梅林如何開門，然後交給她一把鑰匙，鑰匙很大支，不適於帶出旅店外，房間雖很小，但很乾淨。有一張單人床、一張小書桌，還有一張祈禱墊。白色的牆壁上光禿禿的，幸好沒有瑕疵或是會令小房間顯得昏暗的顏色變化。房裡有兩個小窗口，上午的陽光灑進來，足夠照亮整個房間。天花板上懸掛了一個孤獨的燈泡和一只吊扇。還有一盞燈，用的是小燈泡，就在小書桌上。桌子後面是一把簡單的木凳子。

高梅林檢視房間這段時間，女孩一直保持沉默，梅林開始懷疑自己最先的想法，她不太可能是樓下那位興致高昂的男人的女兒。她的沉默更符合這座城市、廟區，或是佛法中心莊嚴的氣氛。這麼一個中心不該有如此多話的老闆，梅林認為。他一定是印度教

---

5 印度人遇到問路的，即使他們不知方向或路途遠不遠，也不會表示不知，他們會擺擺手，隨便一指，說距離大約一浪遠。

的商人，不是佛教徒。

高梅林決定住在緬甸僧侶經常光顧的旅店，是經過一番深思熟慮的；她想從台灣傳統之外的佛教徒身上，學習冥想，認識佛教和印度。她考慮過去西藏，後來決定放棄，台灣佛教團體裡有一個強大的聲音，認為藏傳教鼓勵放任的性行為，而不是誠心的奉獻。梅林不太理會這種過度又不合理的指責；但是她決定由於自己個性和她在性方面的獨立性，她最好少和西藏僧侶有所牽扯，至少到印度的第一次不要。

人在台北時，梅林也訂好了為期十天的冥想工作坊，這個工作坊是由世界各地去的佛教教師共同主持。這次的研討會在泰國寺院舉行，兩天後即將開始。研討會開始之前，梅林有時間瞭解她所下榻處，也許還可以認識幾個緬甸朋友。她還計畫遊覽這座城市和寺廟建築群。也許，她還可以去菩提迦耶的郊區走走，看看鄉村風景。

經過十幾個小時，用的都是簡單的食物之後，一住定梅林就感覺到餓了。她急切地走進簡陋的用餐區，坐了下來，希望有人會接待她，即使那時候顯然還不到午餐時間。一名廚房工作人員走了出來，熱情迎接她，好像她是一條罕見的魚，剛被沖上海灘。

「對不起，夫人。我們要一點以後才供餐，」廚房工作人員說。「你是新到涅槃佛法中心？」

「是的。我今天剛到。別的地方有沒有供餐的？」

「當然，夫人，有這麼多的地方。你做一件事情……你走向偉大的寺廟，你會發現有這麼多的地方可以吃飯……你的籍貫？」

「什麼？」

「對不起，夫人，你的籍貫是？」

梅林認為談話最好到此打住，至少等她認識幾個旅館的住客以後再談。

「謝謝你。謝謝你，」她說著迅速從桌邊站起來

梅林把那把大鑰匙留在櫃台，問過那位驕傲的老闆亞達夫先生，房間的床單多久換洗一次，然後就快快地出了門，開始探險，想找個地方吃午餐。到了街上，梅林突然想起在這座城裡有座台灣寺廟，也許她可以去那兒碰碰運氣，搞不好遇上一個志同道合的同伴，一起吃頓大餐，再回到她預定的那棟苦修式的佛法中心。

接下來的三個星期，這座台灣寺廟（World Chonghwa Buddhist Sangha）成了梅林在迦耶的避難所，她倒不是不適應印度，而是不適應印度食物。在廟裡梅林總可以找到一

些台灣去的朝聖者，願意與梅林分享他們從台灣帶去的食品。梅林會和他們分享她在印度旅行的經驗，她是個獨行俠，對印度做過一番研究，經驗和知識遠遠超過任何路過此地的台灣朝聖者。

菩提伽耶屬於比哈邦，比哈邦位於印度一個貧困偏遠、有點荒涼的角落，是印度最貧窮的一邦。高梅林從涅槃佛法中心的亞達夫先生那裡得知，萬一生病，在三個小時路程外的巴特那市有一家破舊的醫院。亞達夫先生還補充說，醫院通常擠滿了重病病人。這個發現讓梅林更加傾向於規避風險。她只敢吃她早先吃過的白飯、小扁豆和馬薩拉茶，還有寺廟裡的台灣同胞帶去的食物。

這十天，梅林的收穫豐富，參加工作坊指引她進入一個全新的、朝向內省的方向。來印度之前，她自認是虔誠的佛教徒，對世上任何一個族群都抱著慈悲心。但是，在菩提伽耶所受過訓練和教導後，她才明白自己需要更專注，更投入，才能撫平她的心靈。事實上，冥想、每天與教師交談、對自己內心的觀察，加上日常生活的寧靜，讓她發現原來她以為在花蓮的成長過程是理想的，其實有著浮躁的一面。

不在她所屬的研究小組那個安靜的環境中打坐時，梅林會在菩提迦耶繞城步行，或在摩訶菩提寺沉思。在這座城內，一切都很容易在不到十五分鐘的步行路程中找到。有一天，她無聲地輕笑，發現她似乎總是以繞行寺廟的方式繞行城市周圍——順時針方向，她的右肩膀朝內。

隨著在菩提迦耶的日子，大多是在沉默中，一天天過去，高梅林發現自己開始期待下一階段的冒險：瑞詩凱詩的瑜伽。也許在接下來這幾個星期內，她會交到幾個可以交換笑話的朋友。無論如何，她準備放鬆些，多花精神在她的身體上，而不是她的腦袋。三個星期結束時，梅林覺得她還沒有準備好放棄這個世界，就此住在寂靜裡。事實上，沉默的反思和冥想的日子喚醒了她內心的躁動，那份不安越來越難以馴服。

瑞詩凱詩

梅林在涅槃佛法中心住了三個星期後，中心主人亞達夫先生已成了梅林的半個朋友。至少，高梅林信任他，能欣賞他那種奇怪的幽默感。從她上週冥想講習班結束後，梅林一直擔心如何從菩提伽耶前往瑞詩凱詩。瑞詩凱詩位於德里西北，在喜馬拉雅山的山麓下，遠比菩提迦耶難去。亞達夫先生善意地建議她，卻又很堅持，不斷地告訴她該做什麼和怎麼做。「我告訴你。你做一件事。你得先去巴特那（Patna），然後到勒克瑙（Lucknow），然後你再搭公共汽車前往瑞詩凱詩。」

如果還在台北，這種口氣會讓梅林退避三舍，梅林會謝謝亞達夫先生，然後按照自己的意思做她想做的事。然而在印度，梅林卻覺得亞達夫先的作風很親切，至少他是試圖幫助她。梅林決定稍微修改亞達夫先生的建議，把二十四小時的旅程分成四段。首先，亞達夫先生的姐姐「大媽」答應幫梅林訂一輛私家車前往巴特那；巴特那在菩提迦北邊約三個小時的車程外。梅林見過大媽幾次面；大媽說，梅林可以留宿她家一晚，然後第二天一早她可以帶梅林去火車站。

第二段，梅林打算搭十個小時的火車從巴特那到勒克瑙。亞達夫強力推薦這麼走。ARCHANA 號列車在早上七點半進站，同一天下午五點半抵達勒克瑙。她打算先訂位，如果買不到頭等車廂的座位，可以搭二等車廂。十個小時的行程都在白天，應該有足夠的光線可以觀察各式各樣的乘客，窗外還有美麗的北印度鄉村風光。

接下去的旅程帶了點未知數，但是亞達夫向她保證：「沒問題。我敢保證。別擔心。」

梅林將坐「豪華」巴士從勒克瑙去哈里瓦。豪華巴士於晚上八點啓程，第二天早上八點抵達目的地。亞達夫先幫她買了一張保留位的車票。抵達後哈里瓦後，高梅林得再換乘哈里瓦當地的公車去瑞詩凱詩。這是她此行的最後一部分，這段路大約二十公里的距離，應該很容易。一旦到了瑞詩凱詩，未來三到四個星期將是安全的，也會比在菩提迦耶自由。即使密集的瑜伽訓練也不至於要梅林辛苦專注於自己的想法——至少她希望不需要。

正如在菩提迦耶的冥想課程一樣，高梅林在台北就已經訂好瑞詩凱詩那三週的瑜伽班，課程即將在她抵達三、四天後開始。她也在線上訂了一間單人房，有一間附加的小浴室。賓館一樓有間看起來還不錯的廚房，為客人提供素食餐點。這家旅館的價格比亞達夫先生的緬甸旅館貴了約一倍，不過也只是新德里天堂花園酒店三分之一左右的價錢。幸好，它並沒有超過高梅林的預算。住上兩個晚上以後，如果覺得還可以，梅林計畫繼續住下去，但是想要談成優惠一點的價格。

計畫好下一步旅行後，梅林在城裡散步時所思考的重點放在佛教和瑜伽上。經過菩提迦耶三週的密集訓練後，她可以精確地指出佛祖當年住哪裡，他在哪裡達到涅槃。現在，她覺得她可以以新的自信和目的去面對故鄉的佛教朋友。梅林在這個地方見到了來自不同國家但是一樣虔誠的佛教徒，意識到要當個堅定的佛教徒，不是只有一種方式而已，有很多不同的路徑可以達到這個目的。有了新的瞭解和認識之後，梅林重新思考她以前對台灣的批評。或許它並不是那麼糟。台灣人傾向於將傳統的中國信仰，其中有一大部分在台灣稱之為道教，與佛教思想混合。現在重要的不是把時間浪費在糾正這種模糊不清的想法，而應把重點放在自己的冥想練習上，以及從對他人和自己不必要的批判中釋放出來。

隨著梅林對佛教漸漸建立一套新觀點，她也開始重新思考瑜伽練習和佛教禪修技巧之間的關係。在台北的時候，她擔心這兩者可能會有衝突，到底它們是屬於兩個不同的宗教傳統，佛教和印度教。如今，她認為這兩個練習法是走向同一目的地的不同交通工具。瑜伽的最終目標是解脫（moksha），這和佛家的涅盤（nirvana）難道不是同義詞嗎？至少對她而言它們是相似的，她想不出任何理由在學習瑜伽體式的同時，去維護她的佛教禪修紀律——這兩個練習法根本是完美的組合。

高梅林想像瑞詩凱詩可能是什麼樣子時，想起幾年前讀過一本瑞夫推薦的書。當時，瑞夫寫的是英文書名，她找到一份中文譯本：羅摩衍那。這本書對今天的印度教徒仍有它的重要性。她在南京西路的小公寓裡讀著這本歷史和神話史詩，唸到羅摩王曾在在聖城瑞詩凱詩打坐，懺悔他殺了斯里蘭卡妖王茹法那的罪行。梅林不明白為什麼羅摩王會需要懺悔。按照她的邏輯來看，這點完全不合理：任何一個人只要打敗惡魔，中國的故事和神話都會免除他的罪，甚至讚美他。臨來印度之前，因為準備去瑞詩凱詩，她又重唸這本書，對這個問題得到一個結論：

在大多數人心目中茹法那是可鄙的人物，但他同時也是一個複雜的角色：首先，羅摩欽佩妖王的智慧、力量和智力。其次，羅摩及茹法那都是婆羅門教徒，無論是羅摩或茹法那，他們都承認殺婆羅門是該罰的罪行。最後，茹法那一直是羅摩的導師，因此他是神聖知識的保管人。殺茹法那的行為等於是摧毀神聖知識本身。

對於這則故事高梅林仍有許多不解之處，但是純就瑞詩凱詩之旅而言，她已經覺得很滿意了。重要的是瑞詩凱詩對整個印度來說都是一個歷史古蹟。

在菩提迦耶的最後一晚，高梅林想著想著，想到她終於有機會見到喜馬拉雅山脈和恒河了。她突然想起父親曾經在她小時候講過中國西南地區的故事。高梅林又覺得在花蓮的童年其實是美好的，父親雖然有他的問題，但也沒那麼糟糕。怎麼會這樣？她的內心充滿了憤怒離開台灣，現在憤怒全都消失了嗎？是因為她的冥想練習，還是印度本身的魔力，抑或是山間的空氣？

瑞詩凱詩除了在印度人心目中地位崇高，對其他的亞洲遊客而言似乎也有一股魔力。瑞夫去過瑞詩凱詩；根據他的說法，在瑞詩凱詩：「你可以找到各種各樣的亞洲人，包括中國人、日本人、韓國人等等。」高梅林很高興到下一個目的地去，除了可以掌握印度的脈搏，還可能會碰到中國或台灣去的旅客。也許她可以找人用中文聊聊天，或許會碰到一些浪漫的故事。

這段旅程的第一站巴特那，因為有亞達夫的姐姐，諸事順利，沒有發生任何事情。梅林與「大媽」交換了電郵地址，答應給大媽寫電郵告訴她此行其餘的部分。梅林還邀請大媽去拜訪她在台灣的家。梅林承諾大媽會帶她玩台北，還可以帶大媽去她的家鄉花蓮。大媽顯然被梅林的盛情感動，不過梅林覺得大媽永遠不會離開印度。

從巴特那乘火車去勒克瑙，扣除在火車站排隊買票那一部分的話，也算相對容易。有人在最後一刻退票，所以梅林買到一個靠窗的保留位。但是，她身邊的乘客沒有去菩提迦耶那一趟的火車上乘客那麼友善，所以一路幾乎沒有交流。火車準時開進勒克瑙，正好下午五點半。

儘管預約了豪華巴士，此行的第三段還是問題重重。首先，梅林被迫和從火車站載她到公車站的機動三輪車司機爭論，司機見她是個外國人，要了比平常高四、五倍的車資，梅林知道多少錢是合理的價格。雖然是一件小事，但是發生口角讓剛完成三週冥想的她感到不安。離開菩提迦耶時，她發願每一次與人相遇都要抱著同情心和善心，沒想到才一出菩提迦耶就破了戒。她提醒自己，她無法控制世界，只能控制自己的反應。

高梅林趕到位於勒克瑙市中心的汽車站已過黃昏，還有一個多小時可以吃晚餐，再登上夜行巴士。街對面有一個小吃攤，看來頗乾淨溫馨。她叫了四張薄餅和菠菜乳酪泥，外加一杯印式瑪沙拉茶。旁邊那張桌子坐了一對和她年紀差不多的法國夫婦，他們開始交談。

「你說英文嗎？」

「一點。我是台灣來的，我的母語是中文。你們呢？」

「我們是土魯斯（Toulouse）來的。我們的母語是法文。你準備往哪去？」法國男子問。他的太太面帶微笑在一旁聽。

「我要去瑞詩凱詩。」

「是嗎？我們也是。很高興遇到你。」

梅林很興奮找到年紀相仿的同路人，他們對印度之行所懷抱的精神似乎與梅林相似。這對夫妻的名字是皮耶和瑪麗。他們和一群法國朋友住進汽車站附近的一家酒店，幾天後將前往瑞詩凱詩，展開為期三週的喜馬拉雅山徒步旅行。梅林和他們交換了電子郵件，承諾在瑞詩凱詩住定後就和他們連絡。梅林獨處太久，一時忘了她一貫的謹慎風格。三人熱情交談，大約一個小時後，他們離開餐廳，在大街上分手。

與往常一樣，高梅林摸摸身側，確保她的護照和錢都還在。她拿著背包和行李袋，在馬路對面找到前往瑞詩凱詩的豪華巴士。出發前十分鐘，她上了車，找到她預訂的座位在後面。亞達夫先生替她訂了走道的座位，這是個失誤。接下來的十二個小時裡，她身邊的座位至少換了四次人，迫使她一次又一次小心觀察坐得距離這麼近的同排乘客。此外，巴士停停開開，每一個小站都停。寶萊塢電影整晚不停地播放，聲量大到梅林都無法闔眼。如果這是「奢侈巴士」，她想，不知道「經濟巴士」又是甚麼樣子？

當大巴終於駛進哈里瓦，梅林趕緊衝下車；她渴望呼吸山間的空氣，看看快速移動的恒河。哈里瓦是一座古老的城市，是大多數印度教徒所認為的七大聖地之一。在勒克瑙巴士上徹夜未眠令梅林十分疲勞，她漫無目的地遊蕩了一會兒，然後穿城而過，沿著河畔的梯階下去看恆河。人們成群列隊，準備在這條神聖的、相較下還算乾淨的這段恆河裡洗澡。她在這裡徘徊著，不想走太遠，因為那場面是如此美麗和超現實，但是她攜帶著所有的家當、背包、行李袋、護照和金錢，不得不繼續走下去。直到正午時陽光讓她開始出汗，梅林才開始問路，找到公車站。她就站在那裡等公車，讓公車她送到二十公里外位於恒河旁的瑞詩凱詩。

瑞詩凱詩山城酒店是她未來三、四個星期的新家，距離鎮上的地標建築拉克斯曼朱拉橋，只有十分鐘左右的步行路程。小旅館是完美的。每一個房間都配有風扇和暖氣設施，還有自己的小陽台。小陽台尤其獲得梅林的歡心。

在樓下辦完入住手續後，高梅林上樓到進入位於六樓的房間，迅速放好幾件行李。她急切地把椅子搬到外面的陽台上，梅林靠在椅背上，雙腳翹在欄杆上，抬頭望著遠處冰雪覆蓋的喜馬拉雅山山峰。在那一刻，這就是她想要的生活：聞著清新的空氣，聽到下面的潺潺河水，凝視著冰雪覆蓋的山峰，沒有煩心的問題。高梅林享受著這種純粹的幸福。

有趣的是，這種令她陶醉的快樂經驗可以迅速轉變為每天重複的公式，變成每一天必做的任務。話說回來，一個人這一輩子能有幾個瞬間得享如此驚人的美麗與豐富的內涵，日後使人回味再三？對高梅林而言，這是其中一個瞬間：獨自一人，剛剛抵達瑞詩凱詩，在小房間的陽台上，在海拔一千七百英尺以上的喜馬拉雅山山麓，在北阿坎德邦有恒河流入的盆地旁。她感覺到這三週的冥想練習潔淨了她的心靈，冥想的困難已經離開她了。此刻，她與自己和平共處，沉浸在達成一生目標的喜悅中。

在瑞詩凱詩山城酒店素食餐廳旁的客廳裡，有台公用電腦。當晚用過晚飯後，高梅林發了封電子郵件給在勒克瑙上車前遇見的那對法國夫妻，皮耶和瑪麗，把她投宿的旅館告訴他們，還說等他們來瑞詩凱詩後想請他們吃飯。兩天後的下午，高梅林聽到敲門聲，櫃台工作人員上來告訴她，樓下有客人找她。梅林下樓一看，原來是皮耶、瑪麗和他們的朋友傑克。

這四個人坐在餐廳，話匣子一打開，一下子就熟起來，彷彿相識多年。他們談起法國、印度、台灣等不同地方的生存條件。英文是這四個人共同的語言，但並不是他們其中任何一個人的母語。以英文為母語的旁聽者聽起來，他們的交談可能受到了先天限制。然而，正如有些盲人聽力經常比一般人強一樣，這四個人似乎能夠明白對方的感受和情緒，彼此瞭解的程度遠遠超過對方字眼所能傳達的意思。

高梅林似乎搞錯了瑪麗和皮耶的關係。他們只是好朋友，而不是一對夫妻。瑪麗其實是傑克的太太。四個人說說笑笑，吃吃喝喝了三、四個小時。高梅林終於起身打算去付帳，說她必須上去準備明天一早六點開始的瑜伽訓練。皮耶抓住她的胳膊，搶過帳單，堅持他要付。有那麼一會兒，梅林和皮耶的目光交纏。

兩人回到梅林房間的陽台上，他們的嘴唇是冷的，但手是熱的。高梅林又找到了幾天前在陽台經驗過的，剛到瑞詩凱詩那份喜悅的心情。那個晚上，在海拔一千七百英尺以上的喜馬拉雅山麓，恆河環繞的北阿坎德邦，她一次又一次地體驗到喜悅。

第二天早上，高梅林五點半就起床，準時六點到達離距離旅館兩公里外的瑜伽培訓中心大門口。接下來的三個星期，她成為一名全職的瑜伽人，每天下課後回到旅館，繼續在房間內練習。她和她的法國朋友們又見了一次面，然後他們就離開瑞詩凱詩，前往海拔更高的山裡，開始為期三週的艱苦登山之旅。這些法國朋友希望在高梅林繼續向南去邦革洛如之前，回到瑞詩凱詩再和高梅林見面。如果他們沒有及時回到瑞詩凱詩，他們答應明年去台灣拜訪她。這三位法國朋友可不像亞達夫的姊姊大媽（梅林幾乎可以確定她這輩子永遠不會再見到大媽了），梅林幾乎可以肯定她會再見到他們，尤其是皮耶。一想到能帶皮埃爾去看看花蓮的母親，這個想法令梅林臉上泛起一絲微笑。

梅林雖然喜歡她的法國朋友，卻知道她必須自我控制，按照計畫專心完成她的旅程。每日的瑜伽練習在心智方面的挑戰性不如她在菩提迦耶的佛教禪修班，但是對身體的挑戰卻遠遠超過禪修班。她學會觀察自己身上的每一個肌腱，每一條肌肉，她知道自己離真正的精通還差得很遠。當她由各個方向伸展她的身體時，她甚至可以感覺到自己的身體正在拉高和拉長。根據老師說的，她的呼吸正在迅速進步，這點幫助她提高身體的靈活度，更進一步加強她對身體的控制。

高梅林在瑜伽中心的日常活動包括早上為宇宙眾生祈禱、每日瑜伽和冥想課程、每日薩桑（satsang）[6]，以及講座活動。下課後，她通常會漫步到河邊，參加日落時的阿爾第（aarti）[7]。日落之後，她再走回她的居處，吃一頓簡單的素食餐，再上床睡覺。

瑜伽培訓課程結束後，梅林決定在瑞詩凱詩多待幾天，她希望她的朋友們已經快要從山裡回來了。在瑞詩凱詩山城酒店工作人員的幫助下，她訂好火車票，準備搭乘德里容喜萊快車號（Delhi Sarai Rohilla Express）[8]的二等臥鋪。行程既定，無論能不能等到皮耶和他的朋友，五天後梅林一定得離開瑞詩凱詩。至於如何南下到新德里的火車站，似乎只能再搭乘一趟令人提心吊膽的大巴，梅林為此苦惱了半天，考慮再三。大巴從瑞詩凱詩發車，八小時後抵達德里；容喜萊快車號每天晚上十一點從德里發車，她應該有足夠的時間搭上前往邦革洛如的火車。但是，上次從勒克瑙上了「豪華巴士」那段痛苦的經過仍歷歷在目，她只好不斷地提醒自己，這次應該會不一樣：這是白天發車的巴士，她手上有票，座位又靠窗，不是靠走道的座位。她會帶上耳塞，可以把寶萊塢電影的噪音阻絕在外。

和在菩提迦耶時一樣，梅林在訓練結束後保留一段時間準備前往下一個目的地。這時候已經進入三月的最後一週，距離她回台灣的日子只剩下一個月左右的時間。她反思自己有什麼改變，四月二十四日回到台灣後會有甚麼不一樣？梅林現在的口味已經相當本地化了，跟著當地人吃，當地人吃什麼她就吃什麼，尤其是在瑞詩凱詩，不吃素是犯

---

6 信徒齊聚一堂，聆聽瑜伽大師的精神講話。

7 神聖恒河之畔的虔誠誦經和歌唱。

8 從新德里到邦革洛如。

法的。她的體重已經掉了將近五公斤，她估計有一部分是由於飲食的改變，一部分是練習瑜伽的關係。她對父親老高的憤怒似乎隨著那五公斤體重消失了，對母親的思念有時會讓她掉眼淚，因此，前去尋求精神導師的動機似乎模糊了。

既然不再需要或想要一位特殊的精神導師，梅林曾經考慮改掉最後這段行程：邦革洛如。不過，梅林對她所擬定計畫的忠誠度可以媲美她對母親蔡女士的忠誠度，所以她還是決定按照計畫進行。她在菩提迦耶得到的佛教知識，還有在瑞詩凱詩學到的瑜伽，已經給了她足夠好幾輩子研習的材料。這兩者都有傳統的大師，可以幫助她繼續精神上的學習。她特別喜歡瑜伽中心的必思瓦大師，不論是他的瑜伽練習方式、教學方法，或是對生活的態度，她都喜歡。從他閃閃發亮的雙眼，梅林找到了對自己的信心和期望。

總之，高梅林將按計畫參觀在邦革洛如的修行中心，但是身分是觀察員而不是參與者。她有興趣多瞭解各類精神大師；大多數的情況，大師都是有魅力的道場領導者。這時候，高梅林整個人已經比她剛到印度時放鬆許多，也比較願意傾聽別人的意見。也許她會碰到一些有趣的人，如果路上遇到其他機會，她也願意改變她的旅行細節。

清晨太陽升起後，梅林離開了瑞詩凱詩山城酒店。雖然她並沒有和這家酒店的工作人員建立起更親密的關係，像她和新德里的拉朱，或菩提迦耶的亞達夫先生，仍然感覺她的靈魂有一部分留在瑞詩凱詩。她獨自在陽台上眺望喜瑪拉雅山時，經歷了精神上的變化。她還遇到一個真正的好人皮耶。最重要的是，在瑞詩凱詩她感到能夠和平接受這世上的一切，過去這十年對世界的憤怒消失了。將近三十歲的她，對自己的童年和青年時期有了新的看法。她的身體和心靈都處於完美平衡的狀態。在這個特別的早晨，高梅林拾級而下往河邊走去，她第一次覺得她掌控著自己的命運。

梅林坐在公車站附近的餐廳，喝著一碗素食玉米湯，配一盤辣秋葵和幾個印式麵包。然後，她登上公車，坐到她的座位上，戴上耳塞，決定在這段旅程中不主動去接觸別人，甚至回應別人。她要把持自己。

邦革洛如

還有幾天就是四月一日了，和梅林剛到印度那時候比起來，印度北部的天氣在兩個月之內有了戲劇化的變化。在德里的第一個星期以及在菩提迦耶那段期間，她體驗的是相當於台灣九月的溫度，白天氣溫可以高達攝氏二十四度，晚上可以跌至十到十五度，甚至更低溫。現在，隨著巴士搖搖晃晃駛往喜馬拉雅山腳下的恒河平原，外界氣溫漸漸爬到三十度以上。這回她覺得空調公車成了一個特別的避難所，感覺不再像上回的車程。每次公車靠站，讓乘客下車四處走走，舒展雙腿，高梅林總是被印度北部初夏炎熱乾燥的空氣嚇到。

高梅林習慣性地利用搭乘長途巴士的時間溫習她所學過的事物。必思瓦大師的瑜伽訓練為她開啟了一個全新的學習領域。現在她明白過去她在台北所學的瑜伽缺乏傳統和歷史背景。梅林從必思瓦大師有點散漫的教學中拼湊起來的瞭解，印度境外所教授的瑜伽主要是教體式（asana），屬於印度的哈達瑜伽傳統。練習體式其實只是追求精神上轉變的古老瑜伽哲學中的一小部分。最古老的瑜伽傳統可以往前追溯到數千年前，比佛陀時代更久以前的吠陀經。在最認真的印度教徒眼中，哈達瑜伽是進入更微妙和更深層冥想的第一步。

梅林從瑞詩凱詩的必思瓦大師那裡學到的第二件事，是當今普遍存在世界各地的瑜伽學派，這些學派之間甚至互相競爭。問過必思瓦大師多次後，梅林瞭解哈達瑜伽中有幾大派別：艾揚格（iyengar）、八肢（Ashtanga）和流（Vinyasa）瑜伽。必思瓦大師自承屬於艾揚格派。其實，這三個派別的目標相同，即帶領練習者得到解脫，但是它們採用的方法不同。艾揚格派通常要求練習者長時間保持體位，尤其是站立姿勢的體位，維持的時間遠遠超過其他派別的要求；這可以使練習者專注於肌肉和骨骼的正位（alignment）。艾揚格也利用皮帶、椅子、磚塊、毯子等道具幫助練習者達成結構的平衡。

必思瓦大師又提到八肢瑜伽，有時他也說拉加瑜伽（Raja Yoga）。八肢瑜伽最重控制心念。在八肢傳統中，體式只是八肢中的一支，也是幫助實練習者達到心靈寧靜的一種方法。艾揚格學院著重個人姿勢或體位，八肢卻重視各種姿勢連成一系列動作以發展身體的力量和敏捷性。呼吸和運動同步也是練習這一系列動作的關鍵目標。總之，八肢學派使用這些環環相扣的姿勢，協助練習者實現心靈上的轉變，這才是最重要的目標。

必思瓦大師表示，第三種派別特別講求調息，或呼吸練習。強調這種方法的瑜伽教師通常屬於流瑜伽的派別。這個傳統的瑜伽老師認為控制體式，結合體內的氣流，是達到心理寧靜和解放的最有效途徑。

在休息站短暫休息後，一回到涼爽的空調巴士上，高梅林陷入深層睡眠中。一直到距離新德里北部只有一、兩個小時的車程，她才醒過來，重新整理自己對瑜伽的瞭解。瑜伽通常側重三點：身體耐力；冥想和精神控制；呼吸練習。不管必思瓦大師對目前瑜伽主流派系的分析是否正確，不管梅林是否正確理解大師的教誨，她的確比一個月前剛抵達印度時對瑜伽瞭解更多了。對梅林而言，瑜伽是修煉靈活性、冥想和呼吸，她會把這幾點帶回南京西路上的瑜伽中心。

巴士進入德里市區，高梅林在腦中推演此行下一站以及一天半後到達印度南部時可能發生的事。對於南印度，她唯一知道的是亞達夫先生告訴她的，dosai是南方著名的大煎餅，要搭配可口的椰子醬。除此以外，梅林對南方一無所知。她的心情越來越興奮，也有點緊張地來到德里的公共汽車站。她知道她得叫一輛電動三輪車載她橫過亞穆納河這段十四公里的車程。困難是不困難，但她擔心能否找到一個有良心的，不會因為她是一個外國女人而敲詐她的司機。

一個小時後，她再次來到新德里的火車站。電動三輪車司機是個好人，沒製造任何問題。他是一個莫約六十歲的男子，說看到梅林想起自己的女兒，起碼梅林以為他是這麼說的。當然，這不重要，重要的是他把梅林送到了正確的地點，並根據計費錶收錢，人很熱情。

天漸漸黑了，遠離火車站似乎有點危險，因此梅林趕緊在車站裡買好長途旅行需要的東西，在候車室找到一個舒適的地方準備度過接下來的幾個小時。火車站和六週前一樣非常混亂，每一個方向都有形形色色的人在湧動。她看見一條長椅上坐著兩位婦女，中間有個空位，迅速上前坐下。她的左邊是個老婦，戴著沉重的耳環，把耳垂拉低至她的顎骨。老婦給了梅林一個友好的微笑，但是看起來可能不懂英語。梅林右邊的女子穿著合宜，看來大約三十五歲左右。她很外向，立即和梅林攀談起來。

「要不要試試？」她遞給美琳幾塊炸糕點，梅林後來才知道這就是咖哩角（samosa）。

「謝謝你，」梅林說。「你也要搭特快車去邦革洛如嗎？」梅林問道。

「是的。我家在那裡。」

「我也是去那裡。你坐什麼位子？」

「我坐十一號車廂的二等臥鋪。你呢？」

「我也是坐二等臥鋪，但是在十三號車廂。」

「好極了，我們可以在車上作伴。」

梅林很快發現瑟瑪是高種姓的，來德里參加表妹的婚禮，在回家途中。瑟瑪已婚，生有兩個女兒，分別是八歲和十歲。她的丈夫是一家軟體公司的經理，每隔一個月就得去中東工作一段時間。幸運的是，瑟瑪和公婆住在一起，兩個孩子主要由公婆照顧。瑟瑪說她的丈夫從現在起到四月底都不在。

上車的時間到了，兩人各自收拾行李，準備到樓下月台搭車。梅林心知她已經在印度交到一個不錯的朋友。她們得在火車上睡兩晚，兩個女人決定第一個晚上先各自在預定好的床鋪睡，等到第二天早上再嘗試與其他乘客協商換到同一個車廂。

火車準時於晚上十一點發車，半個小時內兩個女人都在各自的床鋪上進入夢鄉，直到第二天早上七點左右。

「喂。梅林小姐。是我，瑟瑪。」

「嗨，瑟瑪。早安。」

「我和同車廂的一個乘客講好了，他說很樂意和你換位子。跟我來。」

「好的，」高梅林說。

梅林迅速整理好行李，跟著瑟瑪走過兩個車廂，進入瑟瑪的車廂，同時，一名二十多歲年輕男子反方向地朝梅林的車廂走去，換到梅林的座位。因為上車的時間就很晚了，梅林沒有機會真正認識和她同車廂的乘客，所以換座位對她而言並沒有什麼差別。她很高興能夠加入瑟瑪，進一步瞭解瑟瑪的生活和她對印度的觀點。

次日上午十點火車抵達伊塔爾西（Itarsi）站時，梅林已經決定接受瑟瑪的邀請去她位於加羅爾郊區的家住兩週，直到她回台灣為止。瑟瑪表示她的丈夫不在，她的公婆一向好客。她的女兒一定會喜歡她。

梅林覺得自己實在太幸運了。她在菩提迦耶和瑞詩凱詩的探險已經給了她足夠未來幾輩子都用不完的反思材料，因此她很渴望在印度最後的兩個星期不再遇到問題，不需再應付挑戰。她告訴瑟瑪，她可以替她照顧兩個女兒以換取食宿。瑟瑪回答道：

「別開玩笑。你是我的客人，你不必想考慮錢的問題。邦革洛如是一座偉大的城市，我想帶你去參觀的地方可多了，此外，我知道你來邦革洛如的目的是為了尋找精神上的導師，所以我會帶你去見我們附近寺廟的導師，你想去見她幾次都可以。我的導師拉克希米德維是女性，一定會喜歡和您見面。她年紀輕，知名度不高，但我們附近有些人跟隨她。我相信她的名氣會越來越大。」

所以，高梅林就這樣度過她在印度的最後兩個星期：住在這位和她年齡相近的南印度女人家裡，透過她的眼睛觀察邦革洛如。從新德里上車，經過近三十三個小時後，她和瑟瑪在上午七點半下了列車。瑟瑪的兩個女兒，十歲的普里亞和八歲的庫瑪拉，歡呼迎接她們的母親。站在兩個女孩後面是她的公公和婆婆，面帶溫柔的笑容歡迎瑟瑪。奇怪的是，至少從梅林的角度來看，似乎沒有人注意瑟瑪帶了一個新朋友回來。

瑟瑪迅速介紹梅林林林時，說她是「來自台灣的好朋友」。她說得很清楚，梅林會在他們家住上兩個星期，直到四月二十五日下午返台為止。庫瑪拉搬到姐姐房間，姊妹倆共用一間臥室，把她的房間讓給母親的朋友。庫瑪拉喜歡和姐姐同房，不過普里亞的態度像是無可奈何地接受。兩個女孩倒是同樣快速地開始接近梅林，問她各式各樣的問題，比方說她從什麼地方來的，中國是什麼樣的地方。

在此之前，梅林從來沒想過要生孩子，為人母。來印度之前，她的人生目標是拜訪印度，揭開佛教的根源。此刻，看到瑟瑪以能生出並帶大這麼一對出色的女兒為傲，近距離觀察到瑟瑪有女萬事足那種喜悅，梅林還是堅持自己所選擇的道路，即使這條道路帶她遠離許多年輕女性所追求的人生目標：結婚和生兒育女。她一直都很清楚，如果能夠找到合適的人，她很願意安定下來。不過她並不急，找到完美的伴侶對她而言，沒有追求各種知識的使命來得那麼重要。

接下來的兩週，瑟瑪遵守她的諾言。每次梅林提議她要留在家裡帶兩個女孩，好讓瑟瑪和她的公婆能無憂無慮出門，瑟瑪總是說：「不行，我們一起去。」瑟瑪也履行她所承諾的，帶梅林去看她的精神導師拉克希米‧德維，德維住在靠近瑟瑪家的一間寺廟附近。每天從下午四點至八點，花四個小時接見信徒。德維師把家裡的客廳改成一間很大的等候室。多半的日子裡，等候室裡總是充滿等待的信徒，其中大部分是婦女和兒童。偶爾有幾天，瑟瑪和梅林是唯一的訪客，見大師的時間可以長達一個半小時。

連續五天去拜訪師父後，德維師和高梅林建立起一種特別的友誼，至少可以說她們對彼此非常熟悉，同時也明顯欣賞對方。但是，一個導師不能成為信徒的朋友。雖然高梅林不承認自己是信徒，但是她一再拜訪德維以求得知識、智慧、指導和建議，這樣的行為證明她的身分就是信徒。

德維師很快就得知梅林在花蓮那段童年的一切，明白梅林有多愛她的母親，對父親的情感又是多麼複雜。德維也開始瞭解梅林花了一整個青年時代計畫來印度體驗佛陀悟道的地方，這件事是多麼不尋常。德維知道梅林並不富裕，她花的每一個盧比都是靠自己賺的。德維甚至開始意識到梅林的固執，也就是她認定一個問題後不找到解決方案絕不罷手，這種個性有好的一面也有壞的一面。

站在梅林的角度，她從這個長她十五歲的女性長者身上找到信任，當她對師父傾訴自己的過去時，從中得到了安慰。師父不屬於梅林的母親那一代，也不屬於梅林的世代。老師不但人長得漂亮，且溫柔又體貼，光是這三點就足以給任何從她這裡尋求建議的人一種舒服的感覺。至於她的指導意見有沒有「精神」方面的價值，梅林一開始是抱著懷疑的態度，記不清是到了第七次或第八次見面結束後，梅林開始相信德維師對人有一種不可思議的直覺。梅林認為，維德女士雖不是神，對人的直覺也遠超出了大多數人覺得可能的範圍。

例如，雖然她的住所並沒有裝閉路電視或監視器，信徒也沒有事先打電話聯繫，但是只要信徒一進入自己居住的範圍內，德維師似乎就是會知道。又如，她和梅林第九次會面時，突然問起梅林，是不是在聖城瑞詩凱詩遇到一個叫皮耶的年輕人。這可讓梅林傻眼了。她從不記得自己對瑟瑪或任何人提過皮耶。難道她在火車上的睡夢中提過皮耶嗎？然後瑟瑪又轉告大師？不太可能。還是她被催眠而不自知？台灣有些算命大師也有這種能力，不過對細節的準確度遠遠不如德維師，還有一種可能是靠玩弄技巧而不是真正的直覺。就算大師擁有獲得這種訊息的一些技巧，梅林也越來越不在乎了。她相信德維師對她及一切眾生是善意的。

德維師的教誨集中在三方面，幾乎每一次見面她都會重複說明。首先，德維師談到，要過道德的生活。此外，德維女士還不斷強調在任何時候都要掌握自己的思想和行為。最後，師父稱讚梅林對智慧和真理的不斷追求（即把她帶來印度求道）；智慧和真理，大師說，這是每一個有靈性的人所應追求的終極目標。這些教誨和資訊都和梅林自己所得出來的世界觀，以及在台灣的一些佛教朋友的看法相符。大師從印度教所發展出來的觀點，她的教誨都是替每個人量身定做的，她給梅林的資訊就是給梅林的。此外，德維師似乎還關心梅林心靈上的成長。

梅林打算在回台灣的前一天，即週五上午再去見德維女士最後一次，當天晚上瑟瑪說她要帶梅林去市區聽一場著名的音樂會。

印度傳承學院在市區內克瑞曼伽拉六號地。瑟瑪買了六張票，並叮囑她女兒晚上進城時要穿正式點。普里亞一個星期上一次印度維納琴（vina）課，所以她知道這場演奏會的演出者是泰米爾笛子演奏家迦那婆提（Ganapati）。庫瑪拉則學舞蹈，所以這場得坐上三個小時的音樂會不很熱中。然而她的祖母叫她噤聲，她很快表現得和其他人一樣興奮。

她們驅車從西郊前往邦革洛如市中心，梅林滿腦子還在琢磨德維大師的超直覺能力。她衷心感謝瑟瑪在過去這兩個星期的招待。兩個女孩都盛裝打扮，穿上相配的紗麗，她們能感覺到與梅林相處的時間即將結束了。兩人不停地提出各式有關台灣的問題問梅林就像她們第一次看到剛下火車的高梅林一樣：台灣熱不熱？常下雨嗎？誰會去機場接梅林？她想念她的母親嗎？

大廳裡擠滿了形形色色來自世界各地的聽眾。據瑟瑪說，當晚的獨奏家已漸漸被公認是當代最有名的南印度古典音樂的笛子手，當得起 Vidwan 的稱呼。在音樂會進行中，梅林試著摹仿其他聽眾，以手在大腿上打拍子（tala）。兩個女孩，普里亞和庫瑪拉，看到梅林的動作開始咯咯笑，直到母親叫她們停止。

第二天一早起床後，瑟瑪的公婆站到屋外的車道上揮手和梅林告別。瑟瑪把他們的車開出停車位。往機場這一路上是梅林提問題的時候了。大家都懂得欣賞卡納提克古典音樂嗎？音樂會總是由三到四個音樂家聯合演奏？古典音樂和印度教的思想之間是否有關聯？

問題這麼多，時間只有那麼一點點。能回答的瑟瑪都盡可能回答了，但大部分時間她只能讚歎這位新朋友的熱情和好奇心。或許，她想，該是輪到她前往台灣尋求知識、智慧和新看法的時候了。

高梅林下了車，摸了摸她的護照，護照如常收在她身上那件淡藍色襯衫底下的袋子裡。她把行李袋和背包放到路邊。瑟瑪已經下了車來向她道別。擁抱後，梅林摘下去年她在花蓮買的玉墜，遞給瑟瑪。離情淹沒了梅林，她什麼也沒說：只是對著邦革洛如國際機場外的路邊抽泣。

瑟瑪明白梅林的感情超出了一般的感謝之詞，但是瑟瑪不懂這種感覺是從哪裡突然迸發出來的。梅林已經履行了她這一生的目標，前往印度。走過了佛教的根源地；到恒河畔的瑞詩凱詩跟隨瑜伽大師學習；她還遇到一位似乎明白她在這個世上獨特困境的心靈導師。

第二部　黃光遠

結婚兩年有了小孩後，近年米爾頓夫婦最開心的就是一同登山健行，沿途賞鳥。上週，布蘭達找到一隻老鷹和一隻土耳其禿鷹。如果沒有布蘭達，米爾頓根本完全看不見高飛天際或是棲息在最高枝頭睥睨山林的大型鳥類。米爾頓通常只注意穿梭在腳下樹叢或是剛好在頭頂上空樹枝上的小鳥。布蘭達取笑他，他回道，對他而言最重要的是鳥語啁啾，通常小型鳥類才會有吸引人的歌聲。

加州庫柏蒂諾

年輕的米爾頓・黃一家人居住在美國最新、最高級的華人城市：加州庫柏蒂諾（Cupertino）。米爾頓剛買了第一棟房子，和結婚兩年的妻子布蘭達及剛出生的女兒辛蒂同住。房子留有一間房，可供親人留宿。對一個沒有父母金援、不滿三十歲的男人而言，在這個昂貴地段置產是非常了不起的一件事。庫柏蒂諾是蘋果電腦和無數高科技公司成功故事的發生地，它位於矽谷的核心，現在已經成為全舊金山地區華人社交、相濡以沫之所：除了美食之外，還有多家精緻食品店和書店。

米爾頓出生於香港，有個中文名字叫黃光遠。除此之外，他幾乎可說是百分之百的美國人。在他五、六歲時，他的父母舉家遷往賓州。黃光遠和周遭的華裔友人一樣，從小數學和科學成績一直表現優異。多年來，即便上大學之後，他和那些華裔朋友總是不斷爭論為什麼他們數學都碰巧這麼好，是基因作祟？還是他們的父母集體逼迫他們走上這條路？有幾次在人生最沮喪的時候，米爾頓懷疑亞裔族群高度集中在工程學科是否有點被集體操弄的意味。但是現在，站在庫柏蒂諾新屋的後院上，米爾頓非常滿意自己的人生，也對父母過去對他嚴厲教誨充滿了感激。

此刻，米爾頓覺得生活中的一切近乎完美，只有一件事令他感到有點不悅，但是他不斷地想要把這件事逐出腦海。夫妻倆剛請布蘭達的妹妹吉兒過來照顧辛蒂，好讓他們夫妻倆能夠外出共度晚餐。米爾頓打算和布蘭達去庫柏提諾正北邊的公園區健行，公園區坐落於洛思阿圖斯（Los Altos）山丘最南端。然後，天黑之前他們要去一家聽說還不錯的新餐廳，餐廳位於毗鄰史丹佛大學的帕羅奧圖（Palo Alto）。他們必須在晚上十一點之前返家；吉兒也住在庫柏蒂諾，距離他們家只有幾英里，她雖然挺樂於照顧這個新生的外甥女，但是她照例一定要趕在午夜之前回到家。

米爾頓坐在屋後陽台等待吉兒到來，一邊認真思考自己的許多強項。不論是就學時，還是在維迪克公司工作這五、六年期間，他一直都是勤奮工作的人，不管花多少時間都要完成計畫。他回想起在賓州鄉下小鎮就讀高中時，有一次物理老師特別提到他。內思老師告訴米爾頓的父母，米爾頓是他教過最認真負責的學生。米爾頓現在懷疑內思先生會不會誇大其詞。

米爾頓還記得，五年前去維迪克公司面試時，他的上司帕維茲當場就錄取他，甚至不需要第二次面試。帕維茲是洛杉磯地區長大的伊朗裔美國人，聰明、優雅且強勢。米爾頓欣賞他的工作態度和面對高層時的自信。至少在米爾頓眼裡，帕維茲總是表現得像是維迪克的領導者。在維迪克工作大約一年之後，一個週五下午，米爾頓與帕維茲在當地一間運動酒吧的歡樂時段喝酒，帕維茲坦白告訴米爾頓，他的大學教授極力推薦米爾頓，所以那次面試不過是個形式。

即使回想起這些溫馨的舊事，米爾頓仍舊無法擺脫對眼前工作環境的不安感。他懷疑是否該開始尋找別的機會。有個擁有企管碩士學位的朋友曾經告訴他，每三至五年換工作能看出一個人的實力——潛在雇主會有一種印象，認為他是高目標達成者，而且當他的老闆也有面子。米爾頓對於友人的見解感到不自在，因為他喜歡一成不變，並以自己的穩定性和忠誠度為榮。在賓州時，他曾經想過，他可能會在同一間公司工作一輩子。

不過，或許他的朋友是對的。也許是該和獵人頭公司談談的時候了，至少打聽一下在矽谷或世界其他地方的工作機會。布蘭達是不會在意的。事實上，她一直提起，希望到亞洲至少生活個幾年，好讓辛蒂能夠認識美國以外的事物。米爾頓期待在當晚晚餐時間和妻子討論這個話題。在這個時刻，在北加州這個美麗的傍晚時分，在庫柏蒂諾新屋的後陽台上，大體來看生活似乎很美好。

事實上，是他的太太，不是他，決定要住在庫柏蒂諾的。布蘭達和米爾頓一樣，也是從香港移民到美國。不過，當她父母決定移民來美時，她已經十二歲了。由於在香港度過人生重要的成長階段，布蘭達能說廣東話和基本的普通話，米爾頓就像多數的美國人一樣：只會說一種語言。米爾頓以布蘭達的語言能力為榮，他也曾想過如果他可以隨心所欲遊走於英語和中文族群之間，他的人生可能會不一樣。現在已經太遲了，他心想，他的精力全耗在工程學科上了。

一進維迪克公司，米爾頓就加入一個五人小組，組長是來自麻省理工學院的白人女性蒂娜。她是其他四人極佳的奧援。兩個月前，米爾頓聽說蒂娜為了某種不明原因將離開公司，覺得很難過。蒂娜擅長整合所有的意見，即使公司無視組裡某成員特別針對現有問題所提出的解決方案，她也能不讓任何人覺得不受重視或受到委屈。

除了米爾頓的上司帕維茲和組長蒂娜之外，打從第一天進入維迪克公司起，米爾頓最要好的朋友就是拉吉夫。拉吉夫曾經在印度某所叫印度理工學院（Indian Istitutes of Technology, IITs）坎普校區（IIT Kanpur）接受大學教育，最初來到美國拿的是 H1B 工作簽證。拉吉夫的英文不錯，只是一開始有點難以聽懂。米爾頓這幾年認識的理科生大多性格古怪，拉吉夫卻不會。他是個優秀的工程師，人品也不錯。米爾頓還有什麼好挑剔的呢？米爾頓和布蘭達曾經到過拉吉夫和帕爾瓦蒂夫婦位於聖荷西的家作客，而拉吉夫夫婦也曾兩度造訪米爾頓家。

聽到布蘭達的妹妹從前門進來，米爾頓很高興自己的思緒在這時候被打斷。他注意到，他的思緒從成功的人生，再度慢慢飄向他在維迪克公司團隊所面臨令人不快的處境。米爾頓感到心煩意亂，從後陽台入屋迎接他的小姨子時還差點跌倒。米爾頓甩開思緒，對吉兒露出充滿感激的微笑，後者馬上就在客廳地板上和辛蒂玩起來。米爾頓夫婦把當晚的計畫向吉兒說明一遍之後，就找機會從車庫門溜了出去。

米爾頓的住處距離從庫柏蒂諾往二八〇號高速公路的一條的主要入口匝道剛好三分鐘的車程，雖然住家非常靠近高速公路，但是坐在米爾頓家的後陽台，完全聽不見往來車輛的噪音。米爾頓夫婦駕車轉了兩個彎後併入二八〇號公路的車流朝北走，利用專用車道，只需要花十到十五分鐘就可以抵達公園，如果能夠馬上找到停車位，在半小時內他們就能遠離都市塵囂。

結婚兩年有了小孩後，近年米爾頓夫婦最開心的就是一同登山健行，沿途賞鳥。上週，布蘭達找到一隻老鷹和一隻土耳其禿鷹。如果沒有布蘭達，米爾頓根本完全看不見高飛天際或是棲息在最高枝頭睥睨山林的大型鳥類。米爾頓通常只注意穿梭在腳下樹叢或是剛好在頭頂上方枝上的小鳥。布蘭達取笑他，他回道，對他而言最重要的是鳥語啁啾，通常小型鳥類才會有吸引人的歌聲。

過去五年來，從工友到櫃台接待訪客那兩女一男的年輕接待人員，米爾頓知道公司所有員工的姓名。他甚至認識每週一次提供無塵室服務的外部供應商。他非常熟悉公司內外所有的人事動態，所以連其他部門的員工都會來詢問米爾頓如何與某某人聯繫，而米爾頓也總是樂於幫助有求於他的人。

當天稍早工作上發生的事情，讓米爾頓深受打擊，他現在懷疑自己是否在某種意義上表現出軟弱的性格。或許他沿路對難見其影的鳴禽感興趣，有點搞錯重點，或許布蘭達專注於翱翔天際的大鳥才是對的。

怎麼會這樣呢？五人工程小組裡一個小小的升遷機會，竟然這麼輕易就將他，米爾頓排除在外？米爾頓喜歡帕維茲，也很尊重他。不管是在私人或是工作方面，他們從未有過重大的爭執。但是，帕爾茲卻剛宣布，米爾頓的好朋友拉吉夫將會取代蒂娜成為新任組長，事前甚至從未徵詢過米爾頓的意見。

更糟糕的是，米爾頓認為拉吉夫是他最好的朋友。拉吉夫在接受新職務之前，為什麼若無其事，都沒透露一聲？被任命為組長，甚至也沒有和米爾頓討論？拉吉夫和米爾頓同期進入維迪克。拉吉夫並不像米爾頓基本是在美國土生土長，拉吉夫是直接從印度過來。五年前，米爾頓和全公司的人幾乎都聽不懂拉吉夫說的話。

米爾頓知道拉吉夫是一名聰明且有實力的工程師，或許是他低估了拉吉夫真正有多優秀。難道帕維茲看到了某些東西，是他米爾頓所沒看見的？還是，拉吉夫有某些長處是米爾頓所不及的？毫無疑問，拉吉夫已經不再說印度式英文，現在大家都聽得懂拉吉夫說話的方式和語調，而且所有的人好像都挺喜歡他的品味、熱情和他的人情味。米爾頓本人一直以來就是拉吉夫最大的粉絲。

不過，說不通啊！為什麼拉吉夫不早點告訴他這次升官的事情呢？這次的事件有些東西讓他感到苦惱，或許因為不是他所預期的，甚至連對自己的妻子布蘭達，他都不知道如何理性地解釋這件事。

米爾頓在意的不是金錢。蒂娜離職之前，已經告訴過米爾頓，她的薪水比其他四名團隊成員高多少，期間的差別不是很大。再說，擔任組長必須深夜加班的日子更多，米爾頓並不希望花更多時間在工作上，他與布蘭達和辛蒂相處的時間已經夠少了。然而，米爾頓還是覺得不對勁。在北加州這個美麗的傍晚，米爾頓走在公園裡，著實心煩意亂。

在目前的工作崗位上，米爾頓發現自己除了對其他族群的工程師感到好奇之外，對中國工程師也越來越感興趣。這群人大多是新來的中國移民，常喜歡用普通話交談，雖然米爾頓聽得懂一點點，但是在交談時，他絕對處於劣勢。米爾頓想著眼前的工作環境，試圖為這次的升遷事件找出合理的解釋，這時候他好後悔過去沒有更努力和那些中國工程師交朋友。即便他沒有太多時間或相同的興趣可以和他們相處，他們還是一直對他很友善。如果他們知道稍早發生的事情，米爾頓相信這群人會熱心地「同情他的痛苦」，並試著幫他留點面子。

心事重重的米爾頓試圖將他的注意力轉回到開車和布蘭達身上。他們的車子駛離開二八〇號公路，在北山腳大道（North Foothill Blvd）上往左轉。通過高速公路高架橋下方之後，米爾頓在克里斯托雷路（Cristo Rey Drive）右轉，繼續往前行駛——這時時車速放慢了許多，因為他們進入了住宅區。他們駛過天堂墓園的大門，三分鐘後抵達聖安東尼奧牧場郡公園的停車場。米爾頓發現他的思緒再度飄向他眼前的工作情勢。

米爾頓的矛盾在於：他必須承認拉吉夫是他最好的朋友。「算了」，他心想：「……不要想了。」米爾頓總是聽人家說IIT出來的印度工程師訓練有素，或許他們比他所知的更厲害。毫無疑問，拉吉夫是個不錯的人。

拉吉夫是個有天分的工程師。雖然他的英文有時候有點難懂，但毫無疑問是流利的。事實上，米爾頓記得聽拉吉夫的太太帕爾瓦蒂說過，拉吉夫從小在家裡就說英文。除此之外，拉吉夫是在IIT坎普校區受的教育；他的文憑就掛在他坐的小隔間裡顯著的位置。這些賜給他們在高科技工程世界中神祕力量的學校，究竟是什麼樣的學校呢？米爾頓再次甩頭，試圖將注意力放在眼前的場景。再過幾分鐘，他和布蘭達就會徒步行走於北加州美麗的山丘。彷彿想要抓回思緒般，米爾頓略微抓緊方向盤，再度集中注意力開車。

每次米爾頓開車經過那片墓園，都會對生與死進行反思。布蘭達知道她的丈夫有時候有點多愁善感，但是她通常幽默以對。這是布蘭達自覺比丈夫強的幾點——至少她覺得她的正面性格中和了他的負面性格。她知道米爾頓很容易卡在一些複雜的哲學性思考裡，所以她通常會用轉移或無視他的疑慮的一段話，來對抗他的情緒化。他們之間的對話可能類似這樣：

「拜託，米爾頓，你才過三十歲。為什麼老是在想那座墓園？」

「說真的，布蘭達，你太輕忽這樣的事了。你不覺得人生苦短嗎？」

「就算是這樣，米爾頓，我不想浪費時間老在想這樣的事情。放輕鬆，及時行樂。你不需要杞人憂天。沒事的。」

布蘭達尊重米爾頓，雖然她不停地對他開這類玩笑。然而，今天情況不一樣。布蘭達決定不去激怒他，她感覺得到他的煩惱不太像是胡思亂想，好像是真有其事。雖然看到墓園一如往常地引發米爾頓對生與死的某種反思；不過，米爾頓顯然充滿了某種新的煩惱。布蘭達不希望在開車的時候把話說開，決定等到爬山的時候再說。

光禿的北加州山丘

他們倆一如往常從登山小徑的平坦部分開始步行，但是今天他們決定快一點上山，就沿著一條比較陡峭的泥土路往副峰山頂前行。布蘭達選擇這條路，是為了將喜歡棲身在最高枝上的老鷹和鷗更得看清楚。

「公司剛宣布拉吉夫升為我們這一組的組長，」就在爬坡之後呼吸開始變急促的時候，米爾頓突然開口。

「那不是好事嗎？我們都喜歡拉吉夫，」布蘭達說。

「事前沒有人徵詢過我的意見。」

「你真的認為他們應該把這個職位給你？你知道的，如果真是如此，我一定會抱怨的。你出門工作不在家的時間已經夠多了。」

米爾頓當下決定中斷這個話題，因為布蘭達並沒有給他所尋求的安慰，他打算晚餐時從不同的角度重提這個話題。隨著呼吸越來越吃力，米爾頓開始覺得布蘭達不理解他。他心想，如果這樣，那麼這時候他絕對要開始找新的工作。至少布蘭達必須理解他心中有所不平。否則，在這波新的人事安排下，每天上班都會很痛苦。他要如何日復一日壓抑他的感受？就在距離目標山頂四分之一英里的時候，米爾頓決定第二天早上打電話給獵人頭公司。

除了這個令人煩心的問題之外，剩下的登山過程愉快。布蘭達和米爾頓討論迫在眉睫有關照顧辛蒂的問題以及他們家後院整修的事。布蘭達尤其擔心持續不斷的缺水現象；她向米爾頓解釋重新整頓後院花園的必要性，如此一來，在這種旱季時期就不用不斷地灑水。

在這個美好的下午，他們走著走著，米爾頓意識到自己開始注意翱翔在高空的大型鳥類，那些鳥類多數是老鷹。北加州郊外的金色山丘，點綴著綠色的林木線區域，在這個特別的黃昏，美得無以復加。米爾頓和布蘭達手牽著手，置身庫柏蒂諾北邊山丘一座光禿的副峰頂上，雙雙覺得受到神的眷顧。

布蘭達大學上的是加州大學戴維斯分校（University of California, Davis），主修藝術史，然後從戴維斯分校取得建築碩士的學位。身為自由接案的建築設計師，布蘭達自認已經找到完美的兼職工作，自由接案讓她在養育孩子的同時還能持續不斷地工作。她在庫柏蒂諾附近找到三家建築公司，建立良好的合作關係，這些建築公司固定請她幫忙為住宅或商業案件做繪圖的工作。她的信譽良好，總是按時交件。她幾乎可以在他們家地下室進行所有的工作，同時隱約還能夠聽到辛蒂和保母的動靜。

這時候，米爾頓和布蘭達已經下山，馬上就要回到車上。日漸西沉，他們開始想到晚餐。

「所以你要帶我去什麼新地方？」布蘭達問。

「是一家剛開幕的泰國餐廳，就在大學路旁。今天稍早我試圖訂位，但是他們不是那麼高檔的店。所以，如果人很多，我們可能必須等幾分鐘才能入座。」

「很好，」布蘭達說：「我打算點酸辣海鮮湯。」

他們上了二八〇號公路往北開，布蘭達開始談起亞洲藝術史，還有將來她想要做研究的夢想。除了喜歡建築外，布蘭達真正熱愛的還是藝術史。懷著辛蒂的最後幾個月，唯一能讓她的心靈得到平靜的就是翻閱南亞和東南亞的寺廟圖書。

布蘭達夢想有朝一日能去柏克萊分校研讀亞洲藝術。布蘭達不像米爾頓是在東岸上學，她是在舊金山上初中和高中。對她而言，到柏克萊就讀是從十二歲剛搬來美國就有的夢想；上研究所攻讀藝術史則是她上大學後發展出的新夢想。

米爾頓意外地在距離餐廳不遠的街道上找到停車位。此外，這家新開幕的泰國餐廳生意很好但並未滿座，所以他們可以馬上入座。席間，布蘭達隨意聊著到柏克萊念書的夢想、藝術史，想到什麼就說什麼，等到用餐快結束時，米爾頓打斷布蘭達，他決定換個方式，再次嘗試向布蘭達說明他的沮喪。

「我的商學院朋友艾力克斯說，如果想要在企業界晉升，絕對不能在同一個地方待超過三年以上。你不覺得我至少應該開始看看其他的機會嗎？」

「當然，不過我以為你在維迪克做得很開心。如果你不開心，那麼只管去找更好的工作，或至少不一樣的工作。」布蘭達說。

「你知道，」她繼續說道：「如果你可以在亞洲找到工作，做個幾年，我肯定會喜歡的。我們可以在那邊生第二個孩子。我相信我們可以找到比在美國更好的家務幫手。這裡的人好像根本就不懂得持家帶小孩的辛苦。我不喜歡老是依賴我妹妹。如果能找到更好的幫手，我就可以做全職的工作，或至少我可以花更多的時間做研究。」

「好吧！那就這麼辦。我明天打電話給獵人頭公司——就是這兩年來不時會與我聯繫的那個傢伙。」

「說到拉吉夫，」布蘭達說：「我記得幾個月前我們在他家吃晚餐時，他告訴你，如果你有意在印度工作幾年，他可以安排你到他叔叔位於邦革洛如的公司工作。你為什麼不再去問問呢？我很想有機會花個幾年研究南印度建築。大學時代，我最喜歡有關南印的藝術史課，也是那堂課的老師鼓勵我繼續攻讀建築研究所。」

米爾頓不敢相信他的耳朵，但是他壓抑內心的震驚。布蘭達難道不瞭解，就是因為拉吉夫他才想要離開維迪克的嗎？米爾頓不吭聲，因為他可以深深感受到布蘭達正沉醉在大學的回憶裡，他不想破壞與妻子相處的美麗夜晚。他突然站起身，走到櫃台付了帳。

次日，米爾頓比平常略早起床，準備用家裡的電腦寫一封措詞嚴謹的電子郵件給獵人頭公司的人，過去兩年這位先生找過他幾次。

親愛的品臣先生：

我的名字是米爾頓・黃。我住在加州庫柏蒂諾，任職於維迪克公司。過去兩年，你打過幾次電話給我，詢問我是否有興趣發掘其他的工作機會。每次我都告訴你，我很感謝你對我有興趣，但是我在維迪克公司工作愉快，我無法想像離開這間公司。

現在我已經改變心意，希望能和你討論就你所知任何與我的經驗和技術相關的電子工程師的工作機會。

上班時間不便討論，所以最好利用這個電子郵件位址或是下午六點過後打我的手機聯繫。

謹上

米爾頓・黃

在吃早餐前送出這封電子郵件，米爾頓覺得很滿意。辛蒂昨晚睡得很好，活潑又好玩。米爾頓滿心期待，辛蒂可以和他說話的那天；米爾頓有好多人生理想要告訴他的女兒。雖然他很愛他的妻子，但是此刻想到他對維迪克的矛盾心情，他確信有一天女兒會比布蘭達更瞭解他。

接下來的一週，米爾頓以痛苦的沉默態度面對拉吉夫升任組長一事。組裡其他人則欣然接受這次的人事異動，他們的反應非常正面，米爾頓開始覺得帕維茲做了一個不錯的選擇。不過，米爾頓還是覺得他必須換工作，因為帕維茲和拉吉夫沒和他溝通讓他覺得受辱。到了週末，仍然決心要換工作的米爾頓，對於帕維茲讓拉吉夫擔任組長的決定已經釋懷。這麼久以來，他第一次有動力去分析自己的性格、改變自己的作風，並試圖提升自己。

米爾頓對布蘭達妥協，同意她去找拉吉夫的妻子帕爾瓦蒂談談拉吉夫在幾個月前隨口提到去印度工作的機會。米爾頓無法自己去找拉吉夫談這件事，但是他終於同意布蘭達的想法：反正也沒什麼損失。同時，獵人頭公司的品臣先生回信說他有兩個工作，米爾頓可能會有興趣：一個在明尼蘇達州，另一個在北卡羅萊納州。

收到品臣先生的電子郵件，米爾頓突然必須面對可能離開加州的現實。留在加州庫柏蒂諾這間漂亮的房子到底有多重要？在有了「達到目標」的感覺之後，再搬離灣區，他們真的會快樂嗎？突然間，在亞洲找份短期的工作，還有機會搬回到這棟房子，似乎是最好的選擇。由於心裡有了新的想法，米爾頓對拉吉夫和帕維茲的態度軟化了些。布蘭達很驚訝，竟然是米爾頓提議要搬去印度。

「今天過得怎樣，布蘭達？」

「不錯，我幫龐與雷建築事務所做的繪圖已經完成了，所以至少有些時間做點運動。」

「你跟帕爾瓦蒂談了嗎？」

「嗯，的確談過，不過怎麼了？你為什麼突然之間這麼熱心，起初要你答應我去找她，就像要拔你的牙一樣。」

「喔，獵人頭公司的人回信說明尼蘇達州和北卡羅萊納州有兩個工作機會，現在我明白，出國工作幾年對大家來說或許是最好的解決辦法。我實在不想搬離這間房子或是庫柏蒂諾。我喜歡這裡。離開幾年還好，但是之後，我想回來這裡。」

「帕爾瓦蒂非常高興我們想要搬去邦革洛如。她答應和拉吉夫商量。我相信他明天會給你回覆。你現在每天還會和他見面對吧？」

「沒錯，沒錯，當然。好！很好。抱歉，之前我有點固執。我相信我們明天會討論。」

真相大白

帕維茲和拉吉夫把米爾頓叫進會議室。米爾頓有點緊張，希望私下和拉吉夫談，而不是和他們兩個一起談。帕瓦茲開門見山說拉吉夫已經告訴他，米爾頓可能想要離開公司幾年。

「是嗎？」帕維茲說。

「嗯，我還不確定，因為我還沒有真正與拉吉夫談換到他叔叔在邦革洛如的公司上班的可能性。」米爾頓回答。

帕維茲繼續說道。

「你知道拉吉夫的叔叔是維迪克公司在南加州姊妹公司的重要外包商嗎？所以，幫拉吉夫的公司工作基本上就是為維迪克的分公司工作。那麼，身為你的主管，基本上，我要負責安排並為此背書。」

米爾頓突然瞭解拉吉夫為什麼如此輕易就得到組長的職位：這是一個更大的商業考量中的一部分。米爾頓很高興知道拉吉夫升官並不是因為自己的表現不夠好，或是拉吉夫或帕維茲有什麼壞心眼。

「換句話說，」米爾頓問道：「你們兩個都得同意這次的調任——帕維茲是負責這項印度業務的主管，而拉吉夫是因為他的叔叔事實上是公司的經營者？」

他們雙雙肯定地點頭。

米爾頓保證，他和布蘭達都很希望有機會在邦革洛如生活並工作兩、三年。帕維茲主導並說，這樣的調任至少要三年，否則對公司而言並不划算。他敦促米爾頓先和妻子徹底討論過後再做承諾。帕維茲說，基本上米爾頓的薪水維持不變。

帕維茲繼續說道：「取決於你們選擇如何在印度過日子，你們倆也許可以存一些錢。最重要的是，如果你決定接受這次的調任，拉吉夫和我在庫柏蒂諾會非常想念你。」

那天米爾頓步出公司，覺得彷彿置身世界之巔。過去兩週，他一直處於強烈的防禦狀態，對工作也做了最壞的臆測，所以這個正面的結果和友情的回應，讓他完全傻了眼。開車回家的路上，米爾頓的心裡閃過最近和米蘭達爬山的畫面。他心想，自己的獨特風格終究還是不錯的。事實證明他對小型鳴禽的興趣是正確的。布蘭達可以盡情觀賞老鷹和鵰，但是從現在起，米爾頓將會繼續堅持他對樹叢中嬉戲的小鳥的興趣，這些小鳥雖不容易看得到，鳴聲卻很美。

米爾頓開進車道，跳出車外，蹦蹦跳跳跑進廚房，他找到在廚房飯桌邊的布蘭達和辛蒂。

「一切都還好嗎，米爾頓？」布蘭達說著，心裡半猜想米爾頓今晚又要魂不守舍了。

「好得不能再好，」米爾頓說。

布蘭達對於忽然間看到過多的快樂通常抱持懷疑的態度，但是……看到米爾頓回到自信滿滿的他，不也是好事嗎？

與米蘭達討論過整個調職計畫之後，當晚米爾頓寫了一封電子郵件給帕維茲。哇……，他、布蘭達和辛蒂要去印度了。

準備前往邦革洛如

米爾頓和布蘭達有六週的時間為旅居邦革洛如做準備。這意味著他們必須將所有的物品存放到倉庫，將庫柏蒂諾的房子出租，或是與地產管理公司簽約，由地產公司負責把房子出租。米爾頓傾向省下占月租金十或十五%的管理費，試圖自己把房子租出去。布蘭達則是持反對意見，她可以預見後面會麻煩不斷。萬一房客因水管破裂、屋頂漏水等由需要緊急處理呢？最後，布蘭達的意見占上風，她還同意負責在庫柏蒂諾地區找尋合適的地產管理公司。

短時間就得啟程前往印度待三年，意味著米爾頓和布蘭達只有一點時間，為適應新的國度、城市和居住環境做好心理準備。米爾頓和布蘭達雖然是心靈契合的夫妻，但是他們對移居另一個城市的想法卻是南轅北轍。米爾頓主要關心即將在南印度共事工程師的程度。他的新同事在何處受過訓練？相較於他在庫柏蒂諾的工程師同僚，他們懂多少？

然而布蘭達主要關心的有兩件事情：語言和南印度建築。她複習了大學時期所做的南印度寺廟和雕塑的筆記，去灣區附近各家二手書店，盡她所能找到有關南印度寺廟建築和語言的書籍，收購最好的版本。她研究當地的語言環境，決定一抵達印度馬上註冊學習卡納達語（Kannada），而不學印地語（Hindi；又名北印度語）。她的研究發現如下：

卡納達語是印度官方承認的二十二種「既定」（scheduled）語言之一，也是卡納塔克邦（Karnataka）四千多萬居民的母語。邦革洛如卡納達克該邦首府。

印度自一九四七年脫離英國統治獨立以來，位於新德里的中央政府一直試圖使印地語成為整個次大陸的官方語言。然而，種種問題使得政府的這項努力難以達成目標。首先，南印度各邦，包括泰米爾納德邦（Tamil Nadu）、喀拉拉邦（Kerala）、卡納塔克邦和安德拉邦（Andhra Pradesh），就算和北方各邦同樣渴望宣告脫離英國殖民統治，還是更希望以英語，而非印地語，為統一的全國性語言。當然，他們也偏好自己本地的語言；德拉威語系（Dravidian languages）的四大方言：泰米爾語（Tamil）、泰盧固語（Telugu）、瑪拉維拉姆語（Malayalam）和卡納達語，本身就是歷史悠久的語言，擁有好幾千年深厚的歷史文獻傳統。南印度各邦居民的第一語言就是這些古老的德拉威語言，他們一致堅持反對由歷史較短、可能文化根基較不豐富的印地語，取代當地的語言系統。在南印度四邦當中，泰米爾納德邦對於推廣他們講的泰米爾語最不遺餘力。

印度政府無法令印地語完全取代英文成為全國性語言，進而可能減弱區域語言重要性，還有一個主因，那就是對該國許多地區的精英而言，英文的使用已經根深柢固。在英國涉足印度次大陸的兩百多年期間——不管是以東印度公司的形式，或是一八五八年至一九四七年身為殖民宗主國——英文在整個次大陸多數地區的精英（或基督教）家庭中的地位已經確認。那些已經接受英文為第一語言或第二語言的家庭，更是堅決繼續使用英文。

最後，站在歷史的角度，印地語是分裂而不是融合次大陸的一種象徵，所以印地語一直難以普及整個次大陸。十六世紀以來，印地語和烏爾都語（Urdu）共同演變成口語相似的語言，主要的差異在於書寫文字。印地語的書寫文字來自梵文；而烏爾都語的書寫文字則是借自阿拉伯語和波斯語。在五百年的發展過程當中，印地語借用了更多梵文的語意、字彙和文法；梵文是一種由印度教婆羅門祭司流傳下來的古代語言。烏爾都語則多借用伊斯蘭的來源。因此，在一九四七年後，印地語成了整個次大陸的印度教信徒的象徵；烏爾都語則成了北印度穆斯林的代表語言。一九四七年巴基斯坦脫離印度獨立之後，信奉伊斯蘭教的巴基斯坦保留了烏爾都語做為官方語言，這兩種相近語言所連結的族群意涵則被放大。

研究過印度語言的大致情況之後，布蘭達回想起讓她琢磨多年的一件事，她從小就有一些朋友是生在香港的印度裔，他們覺得講廣東話比講普通話的幫助更大，至少在香港生活和讀書是如此。據此，布蘭達推論，與其把重心放在全國性的印地語，懂得卡納達語這個地方性語言，對自己的幫助或許更大。布蘭達猜測，卡納塔克邦的人未必會喜歡你說印地語，但是他們會感激你在學習卡納達語上所做的任何努力。

當然，米爾頓不贊同她的邏輯。他認為，不能將印度的語言環境與中國地區相提並論。米爾頓說，邦革洛如與香港完全不同。最重要的是，他想帶布蘭達和辛蒂周遊印度；因此，只能在卡納塔克邦使用的卡納達語幾乎沒什麼用。相反地，印地語將會非常實用，可以讓他們走遍次大陸時與人溝通。

就在米爾頓以前所未有的堅決態度試圖說服布蘭達時，他注意到一個諷刺的現象：

現在是誰把注意力放在小型鳴禽（當地人）上？又是誰在主張，最重要的是那些睥睨山林的老鷹（重要的國家精英）呢？他和布蘭達在持續爭論家庭的控制權時，角色已經逆轉了。

最後，布蘭達贏了這場爭辯，她提醒米爾頓，在語言學習方面，他並沒有發言權。她說，以地區為中心的人並不等同於「小型鳴禽」。同樣地，重點放在全國而非區域，並不代表米爾頓對印度的精英階層突然感興趣。學習卡納達語而不學印地語的討論遠比米爾頓想像的還要微妙。

「你只會說一種語言，根本不瞭解駕馭多種語言的意義，」她說。

這個令人難堪的提醒讓米爾頓閉上嘴，他向布蘭達保證，不管她學習印地語還是卡納達語，他都會以她為榮並給予支持。

行前準備這段期間，米爾頓與拉吉夫再度成為好朋友。讓他煎熬好幾週的煩惱這時候都已煙消雲散。米爾頓可以原諒些許的裙帶關係，尤其當受益人是像拉吉夫這樣有實力又慷慨的人。大學時期的米爾頓比較理想化，絕對不會輕易原諒任何人得到高於或超過自身能力的特殊待遇。然而，隨著女兒的出生，或許另一個孩子也即將到來，米爾頓開始瞭解到，確保自己的孩子在人生中擁有最佳機會，是世界上每一個父母的本能。

拉吉夫可能感受到米爾頓已經釋懷了，開始參與米爾頓和布蘭達移居邦革洛如的計畫。拉吉夫非常熱心地鼓勵米爾頓利用這三年期間走訪全印度的 IIT 校區。拉吉夫認為，這是米爾頓認識印度的最佳方式，也能提高他對印度工程創新的理解。拉吉夫本人是非常活躍的 IIT 坎普爾校區校友和捐贈人，也是整個 IIT 組織架構的支持者，且以此為傲。

拉吉夫變得更加熱心，並且在若干場合向帕維茲開口表明他的計畫，暢談他對米爾頓此行的想法。就在這段期間維迪克的管理高層開始擬定招募計畫，公司指派拉吉夫和米爾頓負責，深入遍布印度各地的十六所 IIT 工程學院，接觸並招募最優秀的年輕人才。拉吉夫和米爾頓必須確保維迪克專攻的特定微處理器領域持續居於領先地位，而招募最優秀的年輕人才是其中重要的一步。

公司採納拉吉夫的意見令他欣喜若狂，他按照可能的人選，規劃、安排並監督米爾頓走訪 IIT 各校區。拉吉夫認為，就算他心中沒有特定的人選，米爾頓還是應該有系統地一一拜訪這十六個校園。走訪印度各地的工程中心，會讓米爾頓與可能招募的新人共事時，多了公信力與自信心，甚至有助於他回國後的發展。米爾頓將要展開的 IIT 行程中，有一些是為維迪克暗中進行面試；其餘的行程則是蒐集資訊並進行長期且全面性的調查評估。要讓米爾頓認識印度高度創新階段的一面，這項計畫是最佳的方式。拉吉夫認為，米爾頓和公司透過這十六趟行程所取得的知識，絕對物超所值。

米爾頓欣然接受這樣的安排，對於能夠參與如此重要的長期計畫感到非常興奮。所有的人一致同意，米爾頓每走訪一處校園就得寫一份報告，分送拉吉夫、帕維茲和維迪克的執行長。部分行程的接待人員將會是維迪克考慮招募的新人。行程後續的報告尤其重要；總公司將把米爾頓的正面評價，做為正式聘用和面試安排的參考，據此處理。

在沒有具體鎖定人選的情況下，米爾頓會拜訪拉吉夫龐大的朋友圈和同事圈。這些聯繫人會依次在米爾頓預計停留幾天的每個地點，安排行程導覽。

米爾頓研究拉吉夫為他準備的IIT校區地圖。他每個晚上與布蘭達聊天，從而明白她最大的興趣集中在南印度。然而從地圖看來，米爾頓很顯然得熟悉整個印度。

「現在，」米爾頓打趣地對妻子說：「是誰在傾聽樹叢裡的鳴禽？又是誰將注意力放在翱翔於紅木最高枝上方的老鷹？」

布蘭達笑而不語。結婚兩年來，她從來沒見過米爾頓如此充滿活力。

整裝待發

飛往印度當天，米爾頓和布蘭達在他們位於庫柏蒂諾那間空蕩蕩的房子，規劃了離別派對。與會人士包括許多維迪克的員工（小鳥和火雞、禿鷹及獵鷹均受邀）、幾名與布蘭達共事的建築公司的朋友、布蘭達的妹妹吉兒和她的家人，以及附近幾戶鄰居一家。米爾頓和布蘭達家的前院最近才改造成不太需要用水的精緻石頭花園，他們在裡面設了張桌子和帳棚，備有啤酒、葡萄酒和不含酒精的混和飲料。布蘭達也提供了庫柏蒂諾市中心一家豪華粵菜館所做的精緻港式點心。

辛蒂知道有大事要發生，因此很稱職地扮演討人喜歡的小小女主人——賓客不分老少都被她逗得很開心。十個月大的她，正開始學走路。越多人起鬨，她走得越起勁。派對中，一度全部的人都盯著她走路；走了七步後，所有的人忘情齊喊：「哇……」，她以勝利之姿跌了一跤。

帕爾瓦蒂也積極參與這場離別派對，她瞭解自己在促使米爾頓轉調印度這件事起了關鍵作用。前一分鐘才聽到她與帕維茲夫婦在廚房談笑，下一刻她又在花園的一端，向鄰居們保證，如果新房客給他們找麻煩，她一定會幫忙解決。事實上，帕爾瓦蒂替布蘭達感到非常高興，從某種意義上來講，這是帕爾瓦蒂想念印度的另類方式。

帕爾瓦蒂和拉吉夫在灣區生活很快樂，這點無庸置疑。美國是她夢寐以求的，他們有足夠的金錢去做任何他們想做的事情；而且相對容易地，他們現在隨時都能自由自在去做想做的事。她經常在思考「自由」的真諦，結論是，自由不是保守的印度博學人士喜歡在美國廣播上胡扯的那種（用紅、白、藍的愛國主義所包裹的「自由」），而是免於印度社會加諸於人民身上種種阻礙的自由；她不用擔心隨處可見的人潮會隨時無可避免地減慢她的行進速度；不用承受大家族每天加諸於她的龐大義務；不用受限於一個因人廢事，誰當權效能不彰的民主政府。

不過，在美國這五年快樂的蜜月期之後，帕爾瓦蒂非常想念家鄉。她如此想念那些味道、食物、嘈雜、混亂、家人的溫暖，以及群眾對這個國家的殷殷期盼。即使印度政府效能不彰，但是比起美國的政治領導人，印度政府更普遍性地代表了數以百萬計的貧窮民眾。比起她在美國的所見所聞，印度的印刷媒體和廣播中的政治辯論，在智識展現上是比較令人滿意的。相較於這個名為「矽谷」的奇怪地區，在邦革洛如，受過良好教育的人似乎普遍比較有世界觀，也比較在乎他們周遭相關的議題。她和她的摯友都想不透，像矽谷這麼富裕的地方，充斥著來自世界各個角落的人才，怎麼能夠如此欠缺文化

——人類存在的精髓。

所以，此刻在北加州美麗的下午，在米爾頓和布蘭達所擁有這間位於庫柏蒂諾的屋子前院，沒有人比帕爾瓦蒂對未來三年生活在邦革洛如更興奮（當然是替黃家感到興奮）。帕爾瓦蒂，身為維迪克公司一小群電子工程師新上任的領導人拉吉夫的妻子，她為人溫暖、大方、受過高等教育。她心想，或許等米爾頓和布蘭達三年後回到庫柏蒂諾，她可以說服拉吉夫回印度住一陣子。不論如何，她期待在這三年期間與黃家人相聚——或許就在印度。

在《因為他們是歡樂的好夥伴》（For They Are Jolly Good Fellows）的歌聲響起後，離別派對迅速結束，米爾頓和布蘭達帶著辛蒂和行李箱到前門，在路邊等待吉兒的廂型車。他們將提前大約三小時抵達舊金山國際機場，搭乘飛往香港的午夜班機。他們計畫花兩天住在布蘭達在香港的阿姨家，然後搭乘五個小時的飛機前往印度。

外燴服務人員收拾了剩餘的食物，同意在派對後清理院子。布蘭達找的物產經理人說，第二天早上她會過來庫柏蒂諾的房子做最後一次檢查，再把鑰匙交給新房客。米爾頓和布蘭達計畫，隔天一抵達香港，就去電給雙方各自定居在美國的父母。

邦革洛如的家

對米爾頓或布蘭達而言，要在邦革洛如安頓下來並非易事。然而，對十一個月大到處跑的辛蒂而言，一點都不難。從他們抵達位於城市外圍這間有門管的中上階層外籍居民社區開始，辛蒂就宛如置身天堂。社區院子裡隨時都有許多小朋友一起玩。一群保母通常會待在不遠處盯著小孩玩遊戲，並確保較大的孩子不會對學步的嬰孩太粗魯。當然，辛蒂還太小不懂，如果她可以分析或用口語表示她的想法，她可能會說：「我哪裡也不想去，只想待在邦革洛如。」

適應新環境對米爾頓和布蘭達而言是比較大的挑戰，但是他們齊心協力安然度過前三個月。他們在四月底抵達印度，四月是邦革洛如全年最炎熱的月份，氣溫有時高達約攝氏三十三或三十四度。邦革洛如的全年氣候幾近完美。

公司把名下一間舒適的連棟住宅分配給米爾頓，大小約和他們在庫柏蒂諾的住處差不多，有三間房和兩間衛浴。主要差別在於他們沒有私人的院子，必須與另外二十五個家庭共用社區遊戲區。這個住宅區位於邦革洛如東南外圍一個名為日昇大道（Sunrise Drive）的地方，距離電子城（Electronics City）不遠。電子城聚集了許多高科技公司，其中一間正是米爾頓新的工作地點。

米爾頓和布蘭達必須應付的主要挑戰是日間托兒、家務幫手、食物、煮飯，當然還有交友。不過，隨著日子一天一天過去，這些問題似乎大多迎刃而解。米爾頓和布蘭達在新的社區安頓下來之後，雙雙決定加快推動各自的計畫，因為他們可以預見的是三年眨眼即過。

不難想像，像拉吉夫這個層級的工程師早已相當仔細地計算過，如何妥善確保米爾頓派駐印度時能一一參觀 IIT 的十六個校區。拉吉夫估計米爾頓應該先給自己四個月的喘息時間，以適應邦革洛如的生活。四個月之後，米爾頓剩下三十二個月可以參觀這十六座校區：剛好每兩個月造訪一座校區。

拉吉夫想要確定米爾頓的 IIT 旅程，所以他規劃米爾頓的第一次行程是前往拉吉夫的母校——IIT 坎普爾校區。拉吉夫有自信可以把坎普分校的訪問活動安排得天衣無縫。此外，由於拉吉夫與母校的關係密切，他已經替維迪克找到一個可能的人選——電子工程所二年級研究生馬磬。

拉吉夫有一個好朋友是 IIT 坎普校區的教授，他告訴拉吉夫，馬磬正在研究的是維迪克有興趣探索的某半導體設計領域。總之，時序進入九月初，米爾頓待在印度的第五個月，星星已「列好隊」等著米爾頓前去進行一趟由維迪克支付旅費的招募新人的豐碩之旅。布蘭達已經講明了，她和辛蒂還沒準備好和他一起旅行。

「好好享受你的旅行，然後儘快回來邦革洛如，」布蘭達告訴米爾頓。

前幾個月，對布蘭達而言，要把生活在邦革洛如的所有細節搞清楚是項挑戰。早在第二個月，布蘭達決定終止為舊金山灣區的建築公司工作。一邊在學習南印度的許多新事物，根本很難專心在建築繪圖上面。不過，如今她瞭解了，在世界上任何一個角落工作，技術上是可行的；她認為，對於全球勞動市場而言，這個新的認知深具意義。如果有強勁可靠的網路連結，人們基本上可以在世界上任何一個地方生活和工作。然而，布蘭達本人只想全心全意在南印度學習，並不想為半個地球以外的工作分心。

至於因為決定辭掉建築公司的繪圖工作所造成的收入損失，布蘭達推算，她和米爾頓存下來的錢足以讓她三年完全不工作。唯一的問題是，休息幾年生養小孩之後，接下來呢？布蘭達不想失去她在建築繪圖界的人脈，陷入到時候辛蒂已滿五歲而自己又沒有事業的困境。

布蘭達按照她還在加州庫柏蒂諾時所做的計畫，一抵達邦革洛如立刻開始研讀卡納達語。她找到一個退休的學校老師叫勞先生的，他住在日昇大道鄰近地區。他們一週碰兩次面，一次上一個小時課。勞先生被布蘭達的決心所感，保證她在年底前就能夠閱讀童書。布蘭達本人並不是那麼樂觀，因為那些彎來彎去的文字暗示著初期會有很高的障礙需要克服。

布蘭達現在非常同情在語文上只有一度空間，如米爾頓等長期只說一種語言的人。這些有語言學習困難的人，通常會誇大想像每個字的可能意義。多年來，布蘭達猜想，在不懂華語的那些人和以華文為母語的人之間，中文像罩下了一層面紗，或該說是布下了一層迷霧。譬如，她在中學時期有一個朋友堅決使用她的中文名字「金足」（字面上可解釋為「富裕」之意）叫她，雖然她的非華裔朋友都發不出正確的音。布蘭達記得，她的白人朋友尤其表現得彷彿這個女孩因為某種原因非常特殊——特別是六年級那年在操場踢球時，他們老是大喊：「擁有金足的女孩。」

布蘭達反覆思考後終於明白他們指的是什麼。「為什麼他們說她有金色的腳呢？」十六歲的她覺得納悶。然後，突然間，她找到了關連性。布蘭達童年時期的非華人朋友，喜歡把原本通俗的表意文字，賦予神祕或超自然的特質，眼前就是個例子，金足其實只是個簡單甚至平凡的名字。

然而，隨著布蘭達在這個南印度中心城市努力學習卡納達文字，她對這種現象有了新的見解。她本身也開始產生相同的感受：如果她可以「解開」密碼——亦即閱讀眼前這頁卡納達文字——某個神祕通道將會開啟，給她全新的感受。布蘭達想像一旦精通卡納達文字，她就會有所頓悟，也就是印度人對這個世界的驚人洞見，過去從未有「非印度人」瞭解的，她都可以瞭解。

事實是，她的老師勞先生不斷提醒她，接下來大約長達一年的時間要教她讀《花木蘭》，就布蘭達所知，這是迪士尼版的中國民間故事。就算布蘭達可以用卡納達語閱讀這個故事，她知道，除了語言上的成就外，故事裡並有什麼深刻的真知灼見。

過去這幾個月，布蘭達除了安排家裡的事情，開始學習卡納達語言之外，心裡面最重要的計畫是擬定南印度寺廟建築的研究論文大綱。她的目標是在邦革洛如待三年之後，申請加州大學柏克萊分校藝術史研究所，在申請書上附上一篇完整的研究論文。布蘭達必須在返回美國之前完成這篇論文。

在一個令人昏昏欲睡的傍晚，布蘭達一邊翻閱一本泰米爾納德邦著名廟宇的圖書，一邊打盹。這張舒服的閱讀椅放在前起居室，這樣一來布蘭達可以看到一部分的庭院，辛蒂正在那邊玩耍，而他們最近找到的幫傭正盯著她。這名貼心的卡納達婦人，四十歲上下，名叫唐姐。在布蘭達睡著之前，她記得最後聽到的是五到十名小孩在社區賽跑快樂的尖叫聲。

時間是六點鐘，天色開始變得柔和。布蘭達突然被一陣熟悉的聲音驚醒，是辛蒂和唐姐從前門進屋。每天傍晚到了大約這個時間，似乎總有些奇妙的事情發生在南印度。突然間，幾乎就和清晨一樣，人們和各行各業都再度活絡了起來。不過，黃昏是一天中最宜人的時間，因為空氣逐漸變得涼爽，午後火熱的太陽已經成為過去。布蘭達從她的棲身之所起身，睡眼惺忪地朝辛蒂和唐姐走過去。她心想，米爾頓很快就會到家了，該開始吩咐唐姐幫忙做飯了。

「媽媽！」辛蒂跑進屋裡大喊。

「ನಾನು ಪ್ರೀತಿ ಮಮ್ಮಿ(nānu prī ti mam'mi)，」唐姐提醒辛蒂用卡納達語說：「我愛你，媽媽。」

此刻布蘭達和米爾頓並不瞭解，在印度的這三年會是他們婚姻生活中最精采、最豐碩的幾年。就在米爾頓進行他的第一個 IIT 校園行程後不久，布蘭達宣布她懷孕了。翌年四月，他們將會有第二個孩子。這個重大又令人興奮的消息並沒有讓布蘭達或米爾頓各自的生活或計畫慢了下來。米爾頓每天繼續花長時間在電子園區工作，並辛勤規劃印度各地的 IIT 校區的訪問行程。布蘭達則繼續調適她和辛蒂的生活，研讀卡納達語，彙整她的研究計畫大綱。

布蘭達的母親和妹妹吉兒答應要在四月一日來印度待六週，看著她的第二個孩子出生。有了最親密的親人答應陪伴在身邊，加上在美國無法想像得到的保母和看護的幫助，布蘭達的日子過得自信而平靜。

米爾頓的 IIT 探索之旅

在這段充滿活力的日子裡，米爾頓一邊準備第二個孩子的出生，一邊開始盡量學習 IIT 的歷史。他在為十六個校區行程做準備時，覺得有必要知道每個校區的歷史，並研究發展出一套關於整個 IIT 校園體系的簡短描述，內容如下：

這十六個校區是在兩種極端的國家氛圍下誕生的：一種是絕望感；另一種是不受制約的希望和樂觀。印度獨立之後，大約在一九五〇年間，許多印度人都有一種絕望感，這種絕望感反映了印度許多現實問題——貧窮、缺乏基礎建設和投資資本的嚴重不足，以及印度被英國殖民統治兩百多年長期承受次等地位。

此時，印度剛掙脫殖民主義的枷鎖，在聖雄甘地（M. K. Gandhi）及許多民族主義者的領導激勵下，對未來有一股熱情和希望，壓抑已久。新任總理尼赫魯（Jawaharlal Nehru）滿懷信心地決心帶領印度進入下一個階段。尼赫魯成立一個委員會，由N．R．薩克爾（N. R. Sarkar）為首，交付薩克爾任務，為以科技發展為主的新印度教育架構提出建言。在印度邁向獨立期間，薩克爾是孟加拉非常關鍵的商業和政治人物。有了後來出爐的「薩克爾報告」的構想，加上教育部的建議，首間IIT於一九五〇年在西孟加拉邦克勒格布爾市（Kharagpur）成立。薩克爾認為政府應該參照麻省理工學院（MIT）的模式，設立IIT。

位於克勒格布爾市的IIT校區真正開始運作是一九五六年。政府指定給這所新學府使用的建築物是惡名昭彰的西吉利隔離營（Hijli Detention Camp），這是一九三〇年以來英國監禁政治異議分子的地方。在一九三一年發生的一次光榮事件當中，兩名人犯S．K．米特拉（S K Mitra）和T．森古普塔（T. Sengupta）被英國警方槍殺。這起事件引發了更激烈的反抗英國統治的全國抗議行動。因此，獨立初期，首間IIT校區的創建應該被理解為政治淨化行動。這個新國度急於洗刷英國政權的殘餘；克勒格布爾校區最初成立的目的，與其說是想要創造一所世界級的理工大學，不如說是一種政治聲明。

接下來的幾年裡，這種政治的重要性改變了。隨著後續四所IIT校區的建立，包括一九五八年孟買（Bombay）校區、一九五九年坎普爾校區、一九五九年的馬德拉斯市（Madras，後更名為欽奈市〔Chennai〕）校區，以及一九六一年的新德里校區，一個嶄新、強大的IIT系統已經誕生。第一流的印度科技教育的可能性出現在這塊次大陸的各個角落——孟加拉、馬德拉斯、北方邦（Uttar Pradesh）和孟買，刺激有潛力的青年學子的夢想。

到了一九六〇年代初期，世界強權——美國、蘇聯和歐洲——深陷冷戰僵局；印度突然之間被全世界視為有能力發展科技創新和科學研究的國家。因此，在短短的幾年之內，最早的五間IIT分校不只孕育了印度未來繁榮的希望，也培育出有可能解決世界衝突的人才庫。

在僅僅三十年之後，印度政府擴大擁有五間校區的IIT系統。一九八五年，政府規劃並經總理拉吉夫・甘地（Rajiv Gandhi）同意，在相對偏遠、學生強烈要求改善教育系統的阿薩姆邦建立新的校區。一九八七年，IIT古瓦哈蒂（Guwahati）分校開始運作，成為第六所分校。

二〇〇一年，該國最古老的一所教育機構，舊名為湯姆森土木工程學院（Thomason College of Civil Engineering）的前魯爾基大學（University of Roorkee），轉型為IIT魯爾基分校。這是IIT的第七所分校，校區位於烏塔拉坎德邦（Uttarakhand），此區在印度的政治地位重要、地理位置居中且人口稠密。魯爾基大學很快成為IIT成功的一員，政府的教育委員因此受到鼓舞，提出另一項類似的轉型建議。二〇〇三年，位於貝拿勒斯（Benares，舊名瓦拉納西，是有名的聖城）幾所歷史悠久的科技學院經過合併，轉型為第八個IIT校區，於二〇一二年成為IIT貝拿勒斯分校。

二〇一二年對於整個IIT系統是極為重要的一年，印度下議院（lok sabha）通過《理工學院法》（Institutes of Technology Act），授權成立八個全新的IIT校區，當時被點名的這八個校區分別為：羅巴爾（Ropar）、布巴內斯瓦爾（Bhubaneswar）、甘地納加爾（Gandhinagar）、海德拉巴（Hyderabad）、巴特納（Patna）、焦特布爾（Jodhpur）、門迪（Mandi）和印多爾（Indore）。

對維迪克公司而言，米爾頓的坎普爾分校之行大有斬獲。拉吉夫母校的瑪弩，這兩天中大部分的時間都陪著米爾頓，帶他到處參觀校園，介紹他北印度的生活。這名工程界的明日之星喜歡別人直稱他瑪弩，他從他感興趣的工程領域、熱愛的板球，到他的未婚妻，把他生活裡的每件事情全告訴了米爾頓。至於瑪弩的愛情生活，瑪弩的父母已經安排好，一等他完成碩士學業，找到工作就結婚。瑪弩坦承，他和未婚妻現在會定期約會，雙方都非常渴望結婚。誠如預期，瑪弩的工程興趣恰好符合維迪克的需求。

米爾頓寫了五頁詳細的摘要，記錄他對這趟旅行的想法，並且表示希望瑪弩最後會加入維迪克。「結論是，」米爾頓在報告最後總結：「我認為，瑪弩將會對維迪克公司的工程能力和整體文化有顯著的貢獻。」

這次成功的坎普爾會面之後，拉吉夫認為最好規劃他比較不熟悉的 IIT 校區行程：羅巴爾、魯爾基和曼迪。米爾頓可以少放點心力在人才招募上，專心去瞭解整個 IIT 系統。拉吉夫和帕維茲需要三個月以上的時間，處理米爾頓的建議，並為瑪弩安排更正式的面試，後者還有一年才能完成學位。因此，米爾頓的行程安排如下：十一月第一週拜訪羅巴爾校區；一月第一週魯爾基校區；三月第一週曼迪校區。

位於旁遮普邦魯布納格爾區（Rupnagar）的羅巴爾校區，大約在盧迪亞納（Ludhiana）和昌迪加爾（Chandigarh）兩個城市的中間。這所分校成立於二〇〇一年，校區相對較新。首先，米爾頓計畫飛到昌迪加爾。機場有車子接送他到羅巴爾校區，他預計和拉吉夫透過朋友認識的一名電子工程教授會面。在該校停留一天之後，當晚在附近投宿，第二天另有司機會載他去盧迪亞納和昌迪加爾。米爾頓將會簡短參觀一下這兩座城市，之後入住昌迪加爾機場飯店。第三天早上就飛回邦革洛如。

拉吉夫在他的提案中寫道，米爾頓拜訪羅巴爾校區時，只需參觀兩座重要的旁遮普城市：盧迪亞納和昌迪加爾。昌迪加爾是一座真正的規劃城市，在此可以遠眺喜瑪拉雅山峰。盧迪亞納也很重要，值得米爾頓造訪，因為它是印度「糧倉」旁遮普地區的重要樞紐。

接下來的兩年，他們維持相同的模式：拉吉夫聽說有特別有前途的研究生時，就規劃米爾頓開啟這種勘查程式，透過走訪特定校園，把可能適合維迪克公司的人選「放入人力數據庫」。如果拉吉夫沒有潛在人選，他還是為米爾頓找了充滿熱情的參訪理由，讓他能夠廣泛瞭解並感受全印度各校區出現的創新氛圍。

就這樣，米爾頓・黃的 IIT 探索之旅為期長達三十二週。他成功拜訪了全部十六個校區，並推薦公司雇用四名重要的青年工程師，無疑將會對維迪克公司的遠景造成重大的影響。米爾頓走訪印度次大陸最偏遠的邊緣地區——阿薩姆邦、喜瑪拉雅山西部山麓的門迪（Mandi）和西邊古吉拉突邦（Gujarat）的甘地納加爾（Ghunghat），以及幾個主要城市，包括德里、加爾各答（Kolkata）、欽奈、孟買和海德拉巴。

米爾頓差不多已經變成 IIT 系統的專家。如果教育部的政府官員問他意見，米爾頓可以大概指出哪些學校最有活力，哪些學校最需要政府激勵。最重要的是，透過這個富創造力的三年計畫，米爾頓已經變成維迪克公司內部的領導人物。他待在邦革洛如最後這段日子，帕維茲和執行長固定與他聯繫，針對各種問題請教他的意見，這些問題遠超過印度的人事。

多麼諷刺啊！這趟旅程一開始對米爾頓而言是一種羞辱，因為沒有被徵詢五人小組的組長位置而覺得被羞辱所做出的反應，卻讓他的事業提升到差不多是公司高層管理的位置。

米爾頓和布蘭達怎麼也想不到新婚的頭幾年，居然會花三年一起待在印度呢？除非有某種神奇的力量，否則他們怎麼會有先見之明，將第一個孩子取名為「辛蒂」[9]呢？

9 Sindie，暱稱為 Indy，與印度發音相近。

拜布蘭達的母親和妹妹的細心照顧所賜，他們的第二個孩子順利出生，這個男孩取名為庫柏（庫柏蒂諾的簡稱）。在印度這三年影響有多大呢？幾年後，布蘭達在他們位於加州庫柏蒂諾的房子的後陽台上回想起來，她和米爾頓的心智在整個過程中雙雙受到啟迪。

這是印度古文化的悠久和涵養所帶來的啟發嗎？或是因為印度是如此不同於他們在美國的所有認知，或他們所能感應的華人傳統符號呢？又或是因為在那三年期間，他們是如此的多產：生了一個孩子、照顧兩個小孩，還試圖養育更多的孩子？不管那些年在邦革洛如的神祕公式是什麼，他們返回美麗的北加州家園之後，花了大約十年的時間，試圖複製當時的熱情，釐清問題並找出答案。

就在米爾頓忙著在電子科學園區工作並為印度各地的 IIT 分校行程做準備的這段期間，布蘭達正在釐清她的研究論文的重點。她採納卡納達語老師的一些建議，還有以前在加州大學戴維斯分校任教的老師提供遠距指導，決定探討代表古代南印度三個重要帝國三間不同的寺廟：潘地亞帝國（Pandyan Empire）的米娜克希神廟（Meenakshi）、左拉時期（Chola）的布裡哈迪希瓦拉神廟（Brihadeswara Temple），以及由卡納塔克邦的毗奢耶那伽羅大王朝（Vijayanagars）建造的亨比神廟群（Hampi Temple）。

潘地亞帝國是印度歷史上統治時間最長的王朝。根據早期泰米爾文獻引文顯示，早在西元前三世紀潘地亞人就以某種政治形式稱霸南印度。似乎有確切的證據證明，從第六世紀中期至十四世紀中期，潘地亞王朝至少統治了南印度部分地區，雖然在那八百年期間，他們的控制權歷經多次的消長。例如，在第九至第十三世紀期間，儘管潘地亞王朝的影響不斷，左拉王朝卻統治和控制南印度的大部分甚至更遠的地區。最後，從十四世紀中葉至約一六五〇年，說卡納達語的毗奢耶那伽羅王朝統治南印度多數地區。

布蘭達以前在加州大學戴維斯分校的老師建議她，將研究限制在三個南印度王朝各一座神廟，甚至每座神廟也只針對一個小層面進行研究。她建議，如此一來布蘭達將會對整個達羅毗荼建築風格（Dravidian architecture）有初步的瞭解。這個策略也可以讓布蘭達接觸到一種以上的達羅毗荼語言群（泰米爾語和卡納達語），以及南印度建築成就高峰期寬廣大的一部分。

所以，就在米爾頓忙著透過研究及拜訪各 IIT 分校，試圖瞭解整個印度的同時，布蘭達則將她的研究興趣縮小到只針對南印度，她第一個著手研究的神廟群是泰米爾納德邦瑪度賴市（Madurai）的米娜克希神廟。泰米爾納德邦是印度最南的省份，位於卡納塔克邦的正下方。

米娜克希神廟是全印度最著名的神廟之一，每日有多達兩萬至兩萬五千名訪客。該神廟群的歷史可回溯兩千五百年，但是在近代，瑪度賴市以及米娜克希神廟本身已經變得讓人將它們與古老的潘地亞帝國聯想在一起：即使瑪度賴和米娜克希神廟的歷史悠久，甚至都超過這些統治王朝，它們都是潘地亞帝國存在的核心。關於潘地亞帝國和米娜克希神廟之間的建築關連性，最明顯可見的是東邊的入口紀念塔（gopuram），這是整個廟群十二座入口紀念塔當中最古老的一座，建於一二一六年至一二三八年M．S．潘地亞國王統治期間。

布蘭達不停思索「gopuram」這個字，這個字意指「幾乎所有南印度寺廟入口處都有的裝飾華麗的塔或門」，她不斷閱讀書本，看著網路上的紀念塔圖片。米娜克希神廟的東邊紀念塔是M．S．潘地亞於十三世紀初期所建。

「決定了，」有一天她靈機一動：「我的研究重心要放在代表三個不同南印度帝國的三座寺廟紀念塔。」

大局已定之後，接下來兩年，米爾頓在邦革洛如聽到數也數不清的「gopuram」——一個他之前從來沒聽過的詞。

布蘭達為了認識這三間位於不同城市的寺廟，有一段時間必須定期造訪卡納塔克邦的亨比神廟遺址，以及泰米爾納德邦的瑪度賴市和坦賈武爾市（Tanjavur），才能寫她的論文。她需要去當地拍照、與每個城市的藝術史學者進行訪談，最重要的是去「感受」這些地方及其周圍的事物。

由於有孕在身，布蘭達打算第二年大多數的時間要待在邦革洛如及附近的圖書館、書店和咖啡館。等第二個孩子滿一歲後，那時候辛蒂就兩歲多了，她再前去拜訪這三座寺廟的遺址，在他們一家返回加州之前，完成她的研究論文。

有一天，她坐在高處，看著前窗外面社區小孩習慣在那邊玩耍的一個角落，一邊讀著米娜克希女神的神話傳說，看著看著就睡著了。著名的瑪度賴市的神廟就是為這位米娜克希女神而興建。

米娜克希女神的傳說始於她的父親M．潘地亞國王，後者是創建瑪度賴的K．潘地亞的繼承人。M．潘地亞和他的王妃崁禪瑪拉多年膝下無子，夫婦倆多次進行求子儀式，終於奇蹟發生，在一次吠陀儀式中，一名三歲小女孩突然出現，坐到崁禪瑪拉的腿上。這名擁有三個乳房的小女孩，實際上是帕爾瓦蒂女神。國王夫婦聽到一個聲音告訴他們要把這個女孩當兒子養。這個聲音向他們保證，等她見到未來的夫婿濕婆神，第三個乳房就會消失。

潘地亞國王夫婦照著他們所聽到的話去做，教導女兒軍事知識。國王過世之後，她繼承了王位。瑪度賴人民和整個王國的人都愛戴她，稱呼她「米娜克希」，意即擁有魚般眼睛的人。在一場很特別的戰爭中，米娜克希和她的軍隊去攻打濕婆神的家鄉凱拉許山。濕婆神聽到他的軍隊被打敗，親自出面面對這名戰無不克的女王戰士。米娜克希一見到眼前的濕婆神，立刻愛上他，她的第三個乳房也就消失了。她當下撤軍，返回瑪度賴。

布蘭達嚇醒過來，衝到屋外的遊戲區。她發現唐妲正輕推著鞦韆上的辛蒂，跑了過去。布蘭達把辛蒂從鞦韆上抓下來。辛蒂咯咯地笑，以為媽媽要跟她們一起玩。布蘭達告訴辛蒂該洗澡了。

「你到底在做什麼？怎麼回事？」唐妲問，她從未見過她的雇主如此驚惶。「我以為今晚應該是我幫她洗澡。」

「唐妲，我讀著米娜克希女神的故事，後來睡著了，我做了個可怕的惡夢，辛蒂就像米娜克希一樣有三個乳房。我只是想幫她檢查，確認這只是一場夢。」

唐妲咧嘴大笑。「胡說什麼，」她說：「回屋裡吧！」

布蘭達格外用力地抱了一下辛蒂，把她放回鞦韆上，然後轉身回屋，覺得尷尬而不知所措。幾分鐘後，她確信聽到唐姐和其他幫傭高八度的笑聲。布蘭達感到很懊惱，她相信唐姐已經把這個故事轉述給她在遊戲區的朋友們聽。

以邦革洛如為家

庫柏在邦革洛如滿一歲後，布蘭達為了完成她的研究計畫，急著展開她的旅行；米爾頓也同樣興致勃勃地要完成三年內造訪十六個 IIT 校區的探索行動。就在他們終於開始覺得能夠隨心掌握生活裡的小事時，他們雙雙感受到這趟印度之旅即將抵達終點。例如，布蘭達告訴她的母親和妹妹吉兒，她對南印度食物的喜愛，幾乎已經和廣東菜不相上下了。米爾頓同樣讓他的父母大為震驚，他告訴他們，比起在庫柏蒂諾開他的豪華轎車，他似乎更喜歡搭三輪黃包車去上班。

辛蒂開始說話了，讓她的母親大感意外的是，辛蒂比較喜歡說卡納達語。布蘭達自嘆不如，因為她連《花木蘭》裡面的卡納達語都還沒全部搞清楚。她聽到女兒隨口就流利地說出好幾句卡納達語之後，斷然決定要告訴她的老師，不管他是否認可她已經可以讀別的書了，她就是想要換不同的教材。

這個時候，米爾頓與布蘭達已經和唐姐建立起良好的友誼，他們信任她，待她如家人。布蘭達可以放心把兩個孩子交給唐姐三、四天，去進行她的研究計畫。不過，她總是把自己的行程與米爾頓拜訪 IIT 分校的行程錯開來。

庫柏滿一歲的時候，米爾頓已經又走訪了六個校區，包括孟買、甘地納加爾、拉吉斯坦邦（Rajasthan）丹巴德市的 IIT，印度礦業學院（Indian School of Mines）和 IIT 巴納斯校區（Banaras），並為維迪克公司找到另外兩名不錯的人選。米爾頓開始覺得自己對印度的總體情況相當瞭解，同時，他也覺得自己是維迪克管理高層的一部分，這是他從來無法想像的。

終點站

他們在印度的第三年，布蘭達和兩個孩子選在三月一日離開印度，返回庫柏蒂諾的家。接下來的六週，米爾頓將獨自留在邦革洛如，將公司交付他的任務收尾，把這幾年累積下來但已經不需要的東西分送出去，並把他和布蘭達收藏、珍愛及希望能在美國的家裡看到的物品打包寄回去，例如米爾頓鍾愛的檀香木書架及夫妻倆都喜歡的一尊跳舞的濕婆神石雕像，他們打算把那尊石雕放在他們的石頭花園裡。

辛蒂跟著父母和弟弟庫柏上了黑色大計程車，唐姐站在他們位於日昇大道上的房子階梯上大哭。過去這三年期間，辛蒂和唐姐在一起的時間最久，兩人的關係非常親密。

布蘭達很開心，她的研究論文已經完成。兩個月前，她已將這篇論文附在加州大學柏克萊分校及洛杉磯分校的藝術史博士班的申請書上，一起遞出去。不管錄取與否，未來幾週內她應該會聽到這兩所學校的回音。她已經向她的卡納達語老師，以及在社區裡交到的幾個朋友道別。她明白這三年來無疑過得很精采，但是她已經準備好回家了。

布蘭達和兩個孩子將循著當初來印度的路徑回美。她計畫先飛到香港，再度到她阿姨家作客——這次會待上兩週。然後，他們會在四月一日飛回在庫柏蒂諾的家，距離離家的日子幾乎剛好滿三年。米爾頓則是五月一日回家，吉兒和布蘭達的媽媽答應搬來和布蘭達住一個月。她們母女親眼看見庫柏的誕生，現在她們可以好好認識這個即將滿兩歲的小傢伙。

米爾頓和布蘭達一樣，心情非常愉快。他已經拜訪完最後一個 IIT 貝拿勒斯校區，還探索了恆河岸邊，來自全印度的印度教徒選擇在此火葬逝去的親人。從來沒有一個地方像貝拿勒斯如此深深地觸動米爾頓的心靈，他多麼希望當時布蘭達也能在場和他一起體會這種感受。他想像著有一天他的父母過世，他會有什麼感覺：生命如此短暫，他在貝拿勒斯感受到那種前所未有的強烈悸動。

米爾頓在電子園區已經交到一些好朋友，由於認識這些人，米爾頓可能比布蘭達更捨不得離開印度。他們雖然住在同一個屋簷下，每晚都會聊天，但是從另一個角度來看，他們的印度經歷大異其趣。米爾頓在想，或許等孩子離家上大學之後，他們可以再來印度。他們可以來印度長住，一起做更多的事。舉例來說，米爾頓非常清楚，他根本不懂靠著會說一點點卡納達語和當地人溝通是怎麼一回事。相對地，布蘭達根本沒有走出過南印度，因此她對米爾頓現在非常熟悉的這個更廣大的印度也沒有概念。

在回國的前兩天，米爾頓接到他在電子園區最要好的一個朋友來電。這個朋友也是工程師，名叫安巨。安巨邀請米爾頓進城吃晚飯，再一起去聽一場南印度的笛子演奏會。安巨說：

這三年來你去過印度各地，在你離開前我希望你能體驗一下最精緻的南印度文化。伽那婆提大師是有名的笛子大師，我知道他在這個星期五有一場演奏會。雖然你第二天就要上飛機，不過這場音樂會非常值得一去。

米爾頓的第一個反應多少有點自衛性，他覺得過去這三年已經參加過不少南、北印度文化活動，不過他明白安巨是一番好意，所以就答應了下來。演奏會的次日是二十五號星期六，他一早就要搭機回庫柏蒂諾，他的行李大致已經打包好了，到時候只需把鑰匙交給負責交接的公司代表就可以了。

二十四日下午五點，安巨在日昇大道上這間空空洞洞的房子接了米爾頓，一起開車去吃飯，再赴參加長笛音樂會。社區裡的孩子們還是和以往一樣大聲玩鬧，但米爾頓對這一切已失去從前那股興致，他知道辛蒂和庫伯已經安全返抵加利福尼亞州的庫柏蒂諾提市。即使這裡曾是他和布蘭達很愛的「家」，對現在的米爾頓而言已變得沉悶乏味。一隻孤獨的烏鴉，既不是大鳥，也不是小鳥，在後院樹上令人煩躁地叫著，似乎在說「不如歸去，不如歸去」。

晚餐時米爾頓很安靜，他在想著回家的事情。安巨卻很興奮，他意識到他和這位母公司來的同事變成好朋友。吃完飯，他們慢慢散步，走了三十分鐘左右，到位於克瑞曼迦拉六號地的印度承傳學院。

米爾頓和安巨坐在大廳右手邊的觀眾席中間，節目單上介紹的是這位名叫伽那婆提的長笛演奏家。其實安巨說的沒錯，三年來米爾頓從未去聽過南印度音樂演奏會，不過安巨本身對印度古典音樂也知之甚少。安巨的妻子對古典音樂有些瞭解，是她建議安巨邀請米爾頓共度他在印度的最後一晚。

儘管聽眾對這場音樂會滿懷熱情，米爾頓卻是聽得滿頭霧水，絲毫不懂得如何欣賞。安巨一直保持沉默，包括短暫的中場休息時間。三小時後，音樂會在高潮後結束，米爾頓鬆了一口氣，很高興它終於結束了。他目前只能想到明天登機後即將回到位於庫柏蒂諾的家，和布蘭達、辛蒂及庫伯見面。他和安巨快步走回到餐廳，鑽進安居停放在那裡的小車。安巨開車送米爾頓回到日昇大道上那間孤獨的房子，時間已經近午夜。他們互相道別，彼此承諾在米爾頓回到庫柏蒂諾工作後保持聯繫。

第二天，米爾頓一早醒來，坐在布蘭達常坐的椅子上，眼光掃向院子。房子清空了，兩個行李箱早已準備好，放在大門旁邊。公司的司機會在不到一個小時之內來接他，載他去機場。米爾頓在當地使用的手機號碼仍然開著，此時突然鈴聲大作，打斷米爾頓的冥想。來電顯示是帕維茲的號碼，來自庫柏蒂諾。

米爾頓猶豫片刻，他知道接從美國打來的電話有多貴。然後，他提醒自己那是帕維茲，他的新老東家。

「米爾頓，嗨，是我，帕維茲。我們都在等你回來。我打電話的原因就是問你是否願意當你原來工程小組的組長。拉吉夫和帕爾瓦蒂要回印度幾年。你是我能想到組長的最佳人選。你不用馬上回答，行程中考慮一下，你回來後我們再詳談。一路順風。」

帕維茲沒給米爾頓回話的機會就掛了電話。十幾分鐘後，司機把車停到屋子前，面無表情地把米爾頓的兩個行李箱放進車裡。米爾頓最後一次離開了他在日昇大道的這個家。前往邦革洛如機場的途中，他滿腦子想的都是去他家附近爬那些光禿的山丘，簡直等不及並和他的妻子布蘭達再來一場對鳥類的爭辯。

第三部　杜小舟

來印度之前，他從未認真想過有關生命的意義這個問題。在忙亂的生活之中感受到安靜，這是相對新的經驗；在這個特別的早晨，小舟不斷地思考這種矛盾。他似乎找不出這種奇怪的情感組合的來源——一方面覺得萬事皆已命定；另一方面又覺得眼前的世界不過是一齣戲，他可能是按著某個更大的劇本在演戲罷了。

這些大問題是否起因於印度這塊土地——最終影響長期待在這裡的每個人？還是因為身在南印度，屬於為數不多的中國人，這種特有的疏離感帶給他這些存在主義的想法？

邦革洛如之夜

小舟從睡夢中驚醒，渾身大汗。

我在哪？又做夢了嗎……還是……？觀眾熱烈叫好……然後，突然間，畫面一變。紅衛兵衝進戲院，裝扮成美麗京旦的叔叔無路可逃。

小舟慢慢恢復神智，知道自己不在北京，而是在印度邦革洛如，讓他有一種莫名的安全感。即使戶內有空調，房間依舊燠熱——冷氣機彷彿需要休息般，發出嗡嗡的抱怨聲。小舟在床上坐起，心想這身汗，究竟是惡夢還是小房間內的悶熱所造成的。空調只擠出一道微弱的人造涼風。小舟關掉它，唰地打開位於六樓的公寓窗戶，伸出頭，讓自己沉浸在外面夜晚清涼的空氣中。

喚醒小舟的不只是屋外的冷空氣。他伸出去確認下方的夜晚活動，並開始沉浸於街上傳來的各種夜間聲音：遠處的狗吠、黃包車的喇叭、運貨卡車有點速度過快地轉過街角的雜訊。幾條街外徹夜營業的茶攤正播放著的音樂。當然，和白天比起來，凌晨三點的這些聲音較為緩和。

小舟喜歡沒有白天街道喧囂的午夜，彷彿天上的指揮家做出手勢，要整個管弦樂團以較柔和的方式演奏。即便在這種情境下，鄰近街坊還是不時爆出聲音——就像指揮棒指向法國號或定音鼓樂手要他們為觀眾表演獨奏：流動攤販、步出黃包車的醉漢和嚴重超載的破舊貨車。

李紅：

前兩天夜裡，我從與童年有關的惡夢中驚醒。在我掙扎想要釐清我的過去之際，此刻，這個陌生的地方給了我安慰。我無法相信，六十四歲的我竟然還深陷在五十幾年前生活的點點滴滴。我的叔叔和二十世紀初偉大的北京戲曲傳統都已經消逝。他們已經消失了這麼久，沒道理還對那些日子念念不忘。此刻……毫無疑問，我在邦革洛如總體來說比在北京的家要來得平靜（雖然我渴望在這麼多年之後與你重逢）……事實上，我很快就要回去了——就在四月。屆時我的工作生涯將會在印度結束，真沒想到……

小舟自從和妻子和平分手，便立刻同意隨他在北京工作將近二十年的美國券商來到印度，獨居至今已經五年了。去年，他透過電子郵件與一名童年友人重逢，讓他重拾對生命的熱情。這位名叫李紅的女子是他小學的舊識。

李紅的住所離他成長的地方很近——只隔條胡同——所以他們對北京市中心的童年有著共同的記憶：街角有時候不是很和善的水果攤販；鄰近的公園過去是他們冬天溜冰和夏天放風箏的地方；那家包子店過去每天都有人沿街大排長龍。

四年多前，他剛到邦革洛如，經紀公司給他介紹了一名當地婦女錢德拉來幫傭。三年來，他一切都靠錢德拉，包括購物、烹飪、洗衣服、打掃公寓。經過三年的時間，也許因為他預期將就要回家，小舟開始覺得他與錢德拉的關係讓他窒息。他對她依靠太深，感到對她有責任。如果沒有足夠的工作給她做，小舟甚至會有罪惡感。

最後，他告訴錢德拉是該去尋找其他就業機會的時候了。如果她仍然有時間，小舟說，她可以一個星期來清理他的公寓一次。小舟慷慨地付給她一筆錢，讓她離去。他覺得自己現在需要的一切都有了：樓下的餐廳待他像家人一樣，如果他願意，他可以在那裡吃三餐，印度籍的洗衣工每週一次來取他的衣物去洗；錢德拉還是每週六下午來幫他收拾房間，除此以外，他在下班回來路上自己購物，不時為自己燒頓晚餐。

半夜裡，小舟望著窗外，過幾分鐘後，想起當天早上他有一場重要的報告，必須保持最佳狀態，所以他不情願地回到床上，從這個另他心亂的夜晚再偷幾個小時的睡眠。入睡前幾分鐘，小舟想到，對一群來自不同國家的投資銀行家做完報告，再伏案工作幾個小時之後，他就可以去城裡印度藥草（阿育吠陀）治療中心做九十分鐘事先預約好的課程。這個輕鬆的想法，足以讓他再度入眠。

印阿育吠陀草藥傳統及卡納提克音樂

一年前，小舟從邦革洛如市中心金融區辦公大樓外面的階梯下樓時滑倒，扭傷了背部的一條筋。這次突發的扭傷，加上長時間在辦公隔間內基本上保持相同的坐姿，造成慢性下背痛的毛病。受傷後不久，他的辦公室祕書——一名對自己豐滿身材充滿自信的南印度中年美女——建議他去距離他的住所和公司不遠的某間印度藥草中心。經過該中心大約六週的治療之後，小舟的背痛大致都消除了。

小舟覺得非常佩服又好奇，想瞭解更多印度藥草背後的理論基礎，所以他繼續每月前去接受一段按摩療程及一般性的諮詢。這些按月的療程幾乎每次都給小舟一段特別的經驗。好學的他，有意無意地不斷拿印度藥草的理論基礎與傳統中醫來做比較。這兩種醫療系統都有數千年的歷史，同樣積極地將治療重點放在醫人而非醫病。

隨著小舟完成越來越多的療程，他的興趣變得刻意且具有針對性。除了盡可能學習印度草藥的療癒功效之外，小舟最近在邦革洛如還著迷於兩項研究課題。一項是研究英國殖民建築——私人宅邸、教堂和都市建築，另一項是將十九世紀期間英國在印度的殖民結果和英國入侵中國的可恥行徑做比較。他的第三項興趣則是南印度的音樂和舞蹈。

關於第二個興趣——英國在亞洲的殖民主義，小舟一直覺得困惑。在中國境內，無論個人的政治傾向為何，一般人普遍認同，從一八四〇年代最令人可恥的鴉片戰爭開始，中國與英國在歷史上的互動是很慘烈的。然而，印度與英國的歷史關係，從表面上來看，似乎更深刻、更微妙，且關係之中比較沒有尖銳的衝突。例如，他每天走路上班的路上，還有經常在市區四處閒逛期間，他看到邦革洛如明顯到處都有殖民關係留下的痕跡，呈現的形式是建築和珍貴的紀念碑與公園。最著名的就是瑪友紀念堂（MayoHall）、庫本公園（CubbonPark）和邦革洛如王宮（BangalorePalace）。

至於小舟的第三項興趣——南印度的音樂和舞蹈，主要是受到年輕的同事斯瑞尼瓦森的啟迪。瑞尼瓦森幾乎每天都鼓勵小舟去參加最好的卡納提克古典音樂演奏會。斯瑞尼瓦森來自當地的音樂家族，他本身雖然有音樂天分和在南印度巡迴演奏會上擔任竹笛手的前途光明，但他還是打破家族傳統。他不但沒有成為職業音樂家，反而決定離開前途看好的音樂生涯，加入金融界，比起他的家族成員，他現在有機會賺更多的錢。不過，小舟很清楚，斯瑞尼瓦森對於卡納提克音樂的熱情，遠勝於分析師這份職業，而且他一直對放棄個人的音樂事業感到內疚。

李紅：

我已經決定在下個月加入我的朋友斯瑞尼瓦森及他的家人的年度欽奈之行。欽奈舊名馬德拉斯，位於泰米爾納德邦境內，為印度東海岸上一座重要的南印度城市。斯瑞尼瓦森說欽奈每年舉辦一場為期三週的盛大的卡納提克音樂節。能有機會親眼目睹這場盛會，我的心情越來越興奮。我必須承認，接觸越多南印度的高雅文化，我就越痛恨我們國家過去所犯的錯誤。

對我的家人和許多藝文人士而言，文化大革命是一段殘酷的時期。如果是二十年前，我不敢提起他們的故事，深恐成為政府整肅的目標。但是，現在中國政府圈子裡面和外面，大多數的人都準備好也願意公開討論中國近代史上的這段時期。

事實上，我的家人一直都相當支持一九四九年的革命，因為我們從來就不是富人，而且我們總是認同無產階級。不過，透過劇團一再演出經典戲碼，我們確實驕傲地從事散播「老舊和反動思想」的傳統。我們之中沒有人反駁過這點。我們試圖說服紅衛兵，我們的戲劇是偉大中國傳統的一部分，是超越政治的。誠如你所知，他們對我們的主張充耳不聞。

我非常羨慕印度延續他們豐富的藝術傳統。我們用驚人的速度將我們的國家建立起來，但是我們卻也失去了與我們與歷史和偉大藝術傳統的連結。真希望可以和我的叔叔聊聊這件事。

晚一點再聊，李紅。

鬧鐘響了，小舟緩緩走進簡易廚房煮一杯茶。他從中國帶來的茶快喝完了，很快就必須仰賴印度茶或南印度的咖啡。雖然他已經愛上咖啡，工作時經常喝，但是放太多的糖對他這種年紀的人可能不太好。在印度的小舟充滿了冒險精神，另一方面，他卻又越來越覺得自己非常「中國」，比如喝茶這類小事上。

在斯瑞尼瓦森幾乎天天勸說之下，小舟同意十二月請假一週加入斯瑞尼瓦森和他的家族成員，前往欽奈每年舉辦的卡納提克音樂節。斯瑞尼瓦森向小舟保證，聽過這麼多很棒的卡納提克音樂之後，他將會煥然一新，甚至也許可以喚醒沉睡的靈性。所有最好的卡納提克音樂家都會在每年十二月的兩、三週期間，在這座城市多處地點，接力進行引人入勝的演出。

斯瑞尼瓦森對南印度音樂和舞蹈的熱情，引發小舟自身與表演藝術界相關的沉重童年回憶。直覺地，斯瑞尼瓦森似乎感受到小舟在某種程度上是一名藝術戰友，雖然他對於小舟的藝術興趣來源一無所知；斯瑞尼瓦森完全不瞭解當代中國歷史或中國戲曲傳統。而且，小舟選擇不在印度與任何人分享太多個人生平的細節。

雖然不完全瞭解彼此的身家背景，小舟和斯瑞尼瓦森之間有著良性的互動。斯瑞尼瓦森重燃小舟對表演藝術的興趣；而小舟則是讓年紀太輕、有點不成熟的斯瑞尼瓦森瞭解到，在工作場合不要太熱中於自己的音樂愛好，如何多專注在他所選擇的金融分析師行業。可以這麼說，斯瑞尼瓦森逐漸將小舟當成可信賴的資深顧問或是心靈導師（gurus）。如果印度的心靈導師在斯瑞尼瓦森的生活裡提供相同的角色，他們或許會針對闡明人生課題，講出滿口的大道理和長篇大論的警世故事。小舟通常很少說話，但是只要他開口，斯瑞尼瓦森就會仔細聆聽。毫無疑問地，斯瑞尼瓦森很高興能夠找到非關係緊密的社交圈子的人來教導他。

小舟花了幾分鐘坐在廚房的小桌子啜茶，突然想起女兒和外孫女。小舟的女兒很早就離開中國，現在她與她的的家人住在德國。二十幾年前，她嫁給一名德國人，好像就與中國沒有任何瓜葛了。就在小舟與老婆離異前，女兒曾帶著已經是青少年的孫女兒回家探望他們。小舟看到女兒和孫女高興極了，可惜相聚的時間短暫，而且本質上的隔閡也造成氣氛有些緊張。或許明年從印度的這份工作崗位上退休後，他會去德國拜訪她們。

小舟吃了一點前幾天做的粥，洗了個澡，換上上班的衣服。這會，小舟的思緒從女兒，轉移到他前一晚寫給李紅的郵件——覺得意猶未盡。不過，沒有時間再寫了……他關燈，鎖門，走向電梯。

英國殖民主義

一如每天早上的行程，小舟沿著里奇蒙鎮的大街走著，通過令人勾起英國殖民記憶的一棟著名建築：第一間衛理公會教堂。這間教堂建造於一八七五年，後來成了市內其他教堂仿效的對象。不知何故，在印度這裡的英國殖民主義，似乎不像中國所認知的英國殖民主義那樣令人痛恨。小舟越來越欣賞這間衛理公會教堂，它代表了一段歷史，而且外觀看起來高雅宏偉。然而，就在小舟對英國殖民主義的看法有所軟化，並試圖欣賞印度殖民史留下的遺跡時，他忍不住又回到一連串相同的疑問：

中國和印度根本上是不一樣的嗎？為什麼當時的印度人願意被狡猾的英國人所矇騙？後者用宗教面紗掩蓋他們的殖民意識。還有英國的善良老百姓又怎麼能夠任由他們自己的探險家，惡棍，和貪婪的東印度公司貿易商，最終控制他們摯愛的王國的政治走向呢？

小舟再度思索這些問題時，他清楚自己對印度史實的瞭解薄弱，他有時候會將數百年的殖民史濃縮成一兩個句子。從小舟的中國歷史視角來看，他無法理解印度人為何能夠允許英國人在當代印度史上留下如此多年的烙印。

有兩個令人憤恨的歷史事件，讓小舟無法接受邦革洛如這座美麗的城市內存在著宏偉的英國殖民遺址。第一個事件是鴉片戰爭。第二個事件是第一個事件的延——英法聯軍攻占圓明園。

李紅：

毫無疑問，在我所居住的邦革洛如，有許多英國殖民建築讓我留下深刻的印象。我的消遣之一是在這座城市四處走走，認識這些建築。某種程度上，你可以說我對十九世紀及二十世紀初期的英國建築和印度歷史變得莫名地熱中。但是，我看到的一切都無法改變我對這段時期英國在亞洲歷史總體的理解。

我們的歷史書告訴我們，英國在十九世紀初期占領廣州和香港是可恥的行為。東印度公司背後是一群投機的商人，他們想要把鴉片賣給中國人，拿這些錢購買印度生產的茶，然後賣給英國的上流階級。這個故事讓人無法接受和最令人厭惡的部分不是商人的行為，畢竟世界各國的商人都是這幅德性：為了賺錢，不擇手段。

最令人無法原諒的歷史行為是英國政府所採取的行動，在中國政府禁止鴉片銷售之後，英國以派出戰艦來回應。這場由英國發動的多次攻擊，所謂的「鴉片戰爭」導致我們與許多國家簽訂一連串不平等條約，以致後來我們花了數百年的時間去廢除這些條約，包括南京條約（一八四二年）、黃埔條約（一八四四年）、望廈條約（一八四五年，又稱《中美五口通商章程》）、天津條約（一八五八年）。這一切，李紅，你知道的，當然，是因為我們上過相同的歷史課。

你可能不知道的是，在大約十九世紀的同時，印度人與英國的問題也浮出表面。你還記得聽過一八五七年的叛變事件嗎？在印度士兵的血腥暴動之後，英國軍隊入駐鎮壓。這個事件是英國官方正式控制印度次大陸的轉捩點。經過這次的叛變被鎮壓之後，英國政府一勞永逸，進入印度接管東印度公司。

當然，大約就在這個時間，英國攻打我們。焚燒和掠奪圓明園發生在一八五八年，印度叛變的後一年。瞭解十九世紀的印度對英國的回應後，我對於我們自己的一連串回應有了新的理解：被動回應、無效回應、強硬回應，終究孤立無援。

實在太令人生氣了，我要關機到附近走走。明晚，我要和我的朋友斯瑞尼瓦森一起去聽一場南印度的竹笛演奏會，相信會讓我的心靈獲得平靜。

上週末，小舟走了一段很遠的路，先去庫本公園，然後在市區裡四處走走，包括走訪瑪友紀念堂。庫本公園建造於一八七〇年，最初有一百英畝的都市綠地，後來擴建成三百英畝。真正來說，這是當時的麥索爾邦（Mysore State）[10]首席工程師理查・桑吉（Richard Sankey）的願景行動。小舟在探索這座美麗的都市公園時，注意到公園結合大竹子和露出地面的天然岩石，還有樹木、草地、花床和紀念碑點綴其間。庫本公園是十九世紀英國在印度做出真正有利貢獻的一個例子。它與其他印度殖民遺址迫使小舟不斷思索殖民主義的歷史和本質。

小舟離開公園，沿著聖雄甘地路（Mahatma Gandhi Road）直走，前往瑪友紀念堂，左手邊經過另一座大型公園：卡麗阿帕公園（Cariappa Park），該園區正式開放只有幾十年。大約二十分鐘後，小舟抵達瑪友紀念堂前方的牌匾。瑪友紀念堂於一八八八年啟用，較庫本公園的建成晚了將近二十年，距離著名的叛變事件則有三十年。小舟站在瑪友紀念堂前仔細思索，在心裡面試圖把這些事件拼湊起來：

十九世紀下半葉，英國急於建立想像中可永久控制的印度。明顯地，英國真心愛印度，或是愛「印度的概念」（the idea of India）：一個他們可以稱為屬地的地方，加上普遍善良、大多默許殖民主義的當地人。反之，必定也有一些懷念與英國關係的印度人，如同過去甚至現在，有些在香港的中國人依舊懷念九七前的日子。

這天早上小舟走路上班。經過一個週末，花了較多時間遊覽市區之後，小舟對十九世紀期間英國在邦革洛如的殖民有了更微妙的瞭解。然後一如往常，他對大方向的思考轉回到日常生活的小事上。小舟記得凌晨三點，他的房間感覺非常燠熱；現在在戶外，早晨的空氣感覺涼爽，充滿活力。早上八點十五分，邦革洛如已是人聲鼎沸。幸好，小舟有先見之明，找了一個走路約三十分鐘就可到辦公室的地方住。

10 今稱卡納塔克邦。

分析師

走了大約十五分鐘後，小舟再度想起他是如何以美國券商的中國股票分析師身分來到印度。重新回到這個主題，總是讓他想起再怎麼規劃的現實人生（尤其是他的人生），是怎樣被運氣、偶然和歷史的意外事件所引導。過去這六十年，中國經歷過一場大變動，個人生命就像洪流爆發中的樹枝，好比他自己，被翻來覆去；它們長在茂密的森林裡，從某株樹上脫落，有時候順流漂了數百英哩；有時候被狠狠地撞上岩石，然後成群滯留在河岸上等待腐爛，看著生命之河從身旁流逝。

無論如何，小舟默想，在政治動盪的大環境下，要堅持自己比常人有天分或是特別的想法是很難的；個人特殊主義是很難成立的。夜裡，他把早晨想到的這些整理過，寫了一封電子郵件寄給遠方的新戀人李紅。

李紅：

這是一趟非常漫長的旅程。毫無疑問，我是同輩間語言學習能力最強的。

在下鄉改造兩年後，我學會流利的英文。後來，在鄧小平對外開放那三到五年間，憑著我的語言能力，我可以從事任何我想從事的工作。當時中國正試圖快速強化經濟發展，所以擁有能夠與其他地方溝通的能力，比其他的技能都還要來得重要。

特別是那些外商經營的金融公司，薪水最高且名聲最響——所以我就進了金融圈。結果是，我發現自己非常擅長數字，也擅長看到總是掩蓋在數字之後的虛張聲勢。所以……我不是差勁的分析師，即使語言能力不再是最重要的，我也能夠證明自己的價值。但是，如果人生能夠重來，我非常肯定，我不會走金融這條路。再說，當今中國那些年輕的金融專業人士輕易就能超過我。隨著年紀增長，即將退休，我覺得自己重新退回到童年的我，那個表演戲曲的我。我熱愛在舞台上的感覺。

誠如我在上封郵件裡所提到的，我清楚記得十六歲時走在家附近，到處都是紅衛兵，他們急著想要執行他們所以為的毛主席的旨意。你一定記得那些相同的情節。我等不急想要聽你說說那些時候的想法和經歷。

你還記得紅衛兵湧入北京，響應毛主席召喚的破「四舊」嗎？天安門廣場上的擴音器爆出〈社會主義好〉等「紅」歌。就在那些日子裡，我的家族尤其受到影響。我的家族代代演出的傳統京劇突然遭禁。取代那些傳統戲曲的是社會主義的替代品——其中最有名的就是社會主義芭蕾舞劇《紅色娘子軍》。我相信你沒忘。

印度勾起我年輕時的回憶——不是微雨，更像是雨季的雨水力道和雨量。我的八歲生日至今令我難忘。叔叔告訴我，我有天分，有一天我會成為了不起的人物。我知道叔叔是名人，雖然我不懂那是什麼意思，但是我感到非常驕傲。

先寫到這裡。

一如往常，小舟準時九點抵達辦公室。他一坐進自己的辦公隔間裡，當地人稱呼為「小老弟」的辦公室助理——雖然他突出的圓肚把這個「小」頭銜的界線給撐大了——立刻送上一杯南印度咖啡。斯瑞尼瓦森從幾個隔間遠的地方站起來，道了聲：「早安」。就在小舟著手為一小時後要做的報告做最後的準備時，他的背部再度感受到些微的刺痛。他慶幸當晚就要去印度藥草中心；小舟先不去想這點背痛，把注意力放在報告上。

若不是文化大革命，小舟可能會是專業的音樂家或演員。雖然小舟成年後大半的人生都在做金融分析師，但是他還是會藉由音樂、舞蹈和戲劇的比喻來思考人生。對他而言，人類世界似乎永遠像是一齣複雜的劇碼，有著一切必要的瑣碎、魅力和幽默。即使在共產黨要求他「忘掉」他從叔叔那裡學到的一切所學，經過五十年後，小舟的內心仍然是個表演者。小舟思索著他的報告，他想像自己是一名即將從左側登台的八歲孩童。

一如往常，小舟的報告進行得順利。每次置身在群眾面前，小舟總是處於最佳狀態：他懂得抓時機；他能夠感受到群眾的心情，根據當下他們想要聽的來變更他的報告內容；他的幽默感幾乎總是恰如其分，這些在今天再度得到證明。

小舟非常瞭解自己，知道他的優點可能很容易變成他最大的弱點。他流暢的報告可能變得太流暢了，欠缺良好的事實分析來支持他所說的。這些年來，小舟在這個殘酷的金融業的所抱持的生存之道，是透過正確找出那些擅長他所不擅長領域的人。他總是開門見山告訴這些人，他認為他們真正需要什麼，以及他自己對他們有何所求。你可以說這種估量人，然後和他們談判，是他個人的「交易祕訣」。

這種人生策略發展到另一個層面，造成小舟只與他判斷心地善良、懷著善意的人共事，這是他在文化大革命期間及之後那幾年養成的習慣。在文化大革命那幾年，他看到了人類可以露出最最卑劣的一面。他親眼看到，人們如果心存惡念或存心使壞，會怎麼對付其他人，甚至連鄰居和所謂的朋友也不放過。從年少時的經驗中，小舟慢慢擬出一套生存法則：只和心地最善良、心存最佳善意的人共事、談判和學習，其他人乾脆避開。

小舟知道斯瑞尼瓦森是一個特別善良、有才華的人，除了跟隨斯瑞尼瓦森在音樂領域的腳步外，小舟抵達邦革洛如不久就知道斯瑞尼瓦森是個懂得細心查證及「咀嚼數字」的人，小舟告訴斯瑞尼瓦森，他欣賞他的能力，假如他的表現失控，斯瑞尼瓦森能提點他一下，他會非常感激。斯瑞尼瓦森最初聽到這些話時笑了，他沒有做任何回應。不過，慢慢地斯瑞尼瓦森開始欣賞並倚賴小舟在多數事情上面的智慧；為了回報，每次小舟在群眾面前講得天花亂墜，斯瑞尼瓦森都會仔細監督。好幾次他對小舟這樣說：

「你知道，關於那家公司，你真的不應該那麼樂觀，你查過他們最新的損益表嗎？他們的執行長明顯有所隱瞞。我認為他們下一季的營收會大幅下滑。」

這種建議非常的寶貴，小舟總是利用它來修正自己對特定公司的分析。好幾次，多虧斯瑞尼瓦森和其他人給他的建議，讓他據此做了些這些調整，才得以在股票分析這個行業保住他的項上人頭。

這會，小舟花了一週半的工作時間準備的報告已經結束，他整理好桌子，遙想李紅。過去這三、四個月來，小舟一直試圖用開玩笑的方式說服自己和李紅，他從小就為她著迷，但事實是他並不確定，九歲時她對他而言有那麼特別。小舟記得他喜歡李紅，但是他也記得那幾年喜歡班上許多不同的女孩。無論如何，對他而言，最近李紅已經成為他所珍愛的人。小舟知道，結束旅居邦革洛如最後這五個月的日子之後，與李紅再度相逢，或是一起生活，是他最渴望的事情。

阿育吠陀

至於眼下，小舟想到一天結束時隨之而來的阿育吠陀療程，益發感到興奮。等他見到蘇布拉馬尼亞醫生，告訴醫生他的背部又感到些許刺痛，可以想見會聽到他像念經一樣的叨唸——配上南印度的腔調及左右搖晃的點頭方式：

你必須恢復生命的平衡。人的內在元素強大又平衡時，就會健康。元素失衡時，就有了所謂的「疾病」。如果你的下背部又感到疼痛，必定是哪裡失去了平衡：飲食、生活方式、工作或情緒狀態。你一定要找出是什麼失常，並重新找回生命的平衡。

小舟熟知醫生對他的病痛這套公式化說法，因為每次會診他們就重述一遍，好像在唸經。他不太確定病情分析的下一個部分。或許他們會繼續診斷，說一些諸如此類的話：你一定有瓦塔—瓦塔（vata — vata）疼痛。瓦塔—瓦塔疼痛是尖銳的抽痛，痛處會轉移。有時候很痛，有時候不那麼痛。疼痛可能來得快去得也快，而且通常只集中在身體表面。

結果，小舟對於瓦塔—瓦塔的疼痛分析是錯誤的。不過，在小舟仔細對蘇布拉馬尼亞醫生解說他的自我診斷之後，醫生說：「你的自我分析越來越好了，很快就會搶走我的飯碗了。」

這時候，辦公室兩名助理放聲大笑，引起小舟的注意。他們笑是因為事實上小舟可能永遠無法成為阿育吠陀醫師？或是因為他是中國人？

不論如何，小舟置身阿育吠陀治療體系的世界感到很自在：中醫和印度醫學原理雖然有些細微的差異，卻有頗多重疊之處。這兩個醫療體系都將世界分成五大元素，這五個元素當中有三個是相同的：土、水和火。在中國傳統醫學中，這五個元素相剋相生，形成一種不同類型的平衡。傳統中醫的治療著重於三大領域：草藥、針灸和「推拿」按摩。阿育吠陀的原理與傳統中醫的概念一樣，可以透過找出壓力點，又稱馬爾碼（marma），來治療某種病痛。這種壓力點的概念也是針灸的原理；世界上有很多地方都已經開始將針灸視為幾近「主流」的醫學，即使是主張對抗療法的治療中心也不例外，針灸的療效無庸置疑。小舟的心裡很以針灸為傲，他深信針灸優於他所瞭解的印度馬爾瑪的療法。

誠如傳統中醫，阿育吠陀療法也仰賴按摩治療。不過，阿育吠陀的按摩通常溫和許多，與小舟過去在中國接受的中醫按摩治療相較，阿育吠陀使用了更多的熱和油。最令小舟感到驚喜的是，阿育吠陀按摩的感覺非常舒緩，與他在中國做過的推拿迥異，推拿多半很激烈，甚至讓他感覺些許疼痛。

上次他回北京做了按摩，肌肉痠痛，好像小時候踢完一場特別激烈的足球賽後隔天的那種感覺。小舟摸摸他的下背，忍不住心想，對他來說，阿育吠陀按摩比較有吸引力。

在草藥領域方面，中醫和阿育吠陀體系在理論和實踐上都是高度完善的。這兩種古老的醫療體系已經發展了數千年之久。兩者所用的草藥未必完全一樣，但是，顯然過去幾個世紀以來雙方一直在進行觀念上的交流。尤其是大約六世紀時，佛教傳入中國，這段時期中國的草藥傳統治療也有長足進步，說明來自印度的旅人，除了引進宗教觀念外，也將草藥的知識帶到中國，加速中國本身傳統草藥的發展。

小舟離開阿育吠陀中心，一如往常感覺自己煥然一新，內心深處渴望對印度和他自己的傳統瞭解更多一點。最棒的是，他們宣告小舟的身體健康，向他保證他的背沒問題。他們說，可能是他對這次的報告感到焦慮，總之，以一個六十四歲的男人來看，他的身體狀況非常好。小舟帶著自信的步伐，刻意加快腳步，決定在晚上九點之前回到他住的那條街上。他不會有時間做飯，所以他打算到他住家旁邊的餐廳吃蒸米糕（idli）和香料扁豆燉蔬菜（sambar）。

李紅：

我剛從阿育吠陀中心回來，我每個月到那裡進行定期的健康檢查和按摩。

我希望你知道我的健康狀況很好，就像四十歲還不到。我想，等我們見面時你一定會對我良好的健康情況感到驚喜。

我想我的報告做得還不錯，這得歸功於我的朋友斯瑞尼瓦森。他在我做報告之前警告我，公司指派我追蹤的一家公司有問題。我檢查最近的數據，決定修正過分正向的投資主張。結果，聽眾中有一名銀行人士非常清楚這家公司的狀況，表示完全同意我修正後的分析。報告結束，我博得滿堂的掌聲。我想到的卻是一名八歲男孩謝幕的畫面。這份幻覺的怪異在於，我不確定，我在那個年紀時曾經有過機會粉墨登場。

明天晚上，我會和斯瑞尼瓦森外出去聽一場演奏會，多半會很晚才結束。主奏者是著名笛子演奏家迦那婆提先生，他的家族來自印度最南邊的泰米爾納德邦。

音樂會的場地就在我們公司附近。斯瑞尼瓦森本身也吹笛子，有段時間甚至師從迦那婆提先生，所以這是一場特別的演奏會。我猜想演奏會之後，我會被拉去後台，然後與這些音樂家共進晚餐。音樂家在演奏會之後通常非常興奮，心情開始放鬆下來的他們不到深更半夜不會睡覺。

我叔叔過去也是這樣。我記得曾經在睡夢中被喧鬧的笑聲吵醒，迷糊中走到中堂看看發生什麼事。所有的男女演員看到八歲的我出現，更加鼓譟，要求我表演一小段叔叔當時正在教我的戲碼……總之，我又離題了，請見諒。

我有沒有告訴你我何時抵達北京呢？四月二十五日。我等不及與你重逢。

這晚，小舟吃過蒸米糕和香料扁豆燉蔬菜，給李紅寫了一封郵件後，不同於前一晚，他決定要睡個好覺。這個晚上比較涼爽，所以他放棄有問題的空調，選擇開窗。就在小舟慢慢進入夢鄉之際，耳邊聽到他在邦革洛如這裡臨睡前越來越喜歡的一些聲音，熟悉而微弱：幾條街外那家茶舖的擴音器，大聲播放著摻有雜音的寶萊塢歌曲；偶爾有幾條流浪狗的叫聲；還有不時傳來明顯超載的卡車轉過街角的聲音。然而，在小舟入睡前的最後一刻，他看到的自己不是在邦革洛如，而是八歲那年在北京，看著叔叔扮演著名的貴妃醉酒那段戲。

卡納提克音樂與伽那婆提先生

印度的每一天似乎都是繁忙生活和潛在寧靜的一種獨特組合。今天早晨也不例外。小舟一覺好眠後醒來，晨浴，喝茶，吃粥，瀏覽電腦二十分鐘，然後出門走向電梯，步行三十分鐘去上班。一如往常，一整天他都會忙著工作，處理短期和長期的案子。然後，這天晚上下班後，他會和斯瑞尼瓦森去聽演奏會。

在這種舉世皆然的忙碌生活之中，小舟內心有一種平靜的感覺，彷彿他的一部分是活在夢裡面；這種寧靜的感覺緩和了生活的緊張，讓他有多一點的精力和能力去思索大問題：歷史、醫學、音樂、他的過去。

小舟開始每天早上的步行，前往位於邦革洛如金融中心的辦公室，路上首先會經過第一間衛理公會教堂。來印度之前，他從未認真想過有關生命的意義這個問題。在忙亂的生活之中感受到安靜，這是相對新的經驗；在這個特別的早晨，小舟不斷地思考這種矛盾。他似乎找不出這種奇怪的情感組合的來源——一方面覺得萬事皆已命定；另一方面又覺得眼前的世界不過是一齣戲，他可能是按著某個更大的劇本在演戲罷了。

這些大問題是否起因於印度這塊土地——最終影響長期待在這裡的每個人？還是因為身在南印度，屬於為數不多的中國人，這種特有的疏離感帶給他這些存在主義的想法？

小舟走著走著，這些靈魂深處的思考照例又被俗事給打斷。在這個特別的早晨，來到上班的中途，小舟開始將他的注意力轉移到昨晚吃的蒸米糕、香料扁豆燉蔬菜和椰汁酸辣醬。小舟尤其喜歡蒸米糕，不知什麼緣故，這東西讓他覺得很想吃北京的包子和餃子。

小舟一進辦公間，就注意到斯瑞尼瓦森今天顯得非常興奮——不是因為工作，而是因為期待當晚的演奏會。上午休息時間，小舟花了點時間提醒斯瑞尼瓦森，下午五點前一定要專心工作。斯瑞尼瓦森聽是聽了，但是看起來並沒有把小舟的話放在心上。小舟一整天都可以聽見斯瑞尼瓦森哼著調子，期待著今晚伽那婆提先生的表演節目。他甚至聽到斯瑞尼瓦森在大腿上打節拍。儘管他嘗試讓年輕的斯瑞尼瓦森把注意力放在工作上，但是一到了下班時間，小舟也忍不住滿心期待。

下午六點十分，小舟一下班，就和年輕的斯瑞尼瓦森一起走到街上，攔下一輛黃包車，駕駛將他們兩人載到距離他們的公司二十分鐘外的一個小型演奏廳。這個演出地點靠近三環（Trinity Circle），是一間大型濕婆廟的一部分。他們在神廟群前面下車，付了車錢。神廟的內殿正準備做夜間禮拜儀式，他們迅速穿過洶湧的人潮。

小舟和斯瑞尼瓦森在演奏會開始前的半小時找到演奏廳，所以他們輕鬆地找到靠近舞台的座位。舞台是一個高出地面幾英吋的簡單平台。十五分鐘後，廟裡這座小型的演奏廳已經擠滿了人；如果他們沒有早到幾分鐘，絕對找不到這麼好的位置。小舟心知肚明，演奏會的時間一長，盤腿而坐將會是他所要面對的考驗。在音樂家還沒上台之前，他的腿已經開始發麻了。

小舟坐在地板上等待演奏會開始，白天工作的疲累，加上腳麻，他陷入一種恍惚的狀態。小舟回想起，當年名列五大名角之一的叔叔，演出深受歡迎的一段戲，唐朝貴妃楊玉環醉酒的故事。

小舟從事分析師多年，以分析師的經驗重新思考並評估，在他這一輩的成長過程當中，人們期許他們應奉為圭臬的所有標準信念。《貴妃醉酒》一再被改編，已經成為經典戲。小舟仔細重新思考這齣戲在他小的時候為什麼如此受歡迎，為什麼今天的人依然對它如此感興趣？他慢慢地在腦海裡分析這個故事，發展出一套理論，就如他可以對某家公司的股價發展出一套理論。

小舟嚇了一跳，完全清醒過來，再度將注意力放在前方舞台上即將展開的表演。四名表演者直接朝他前方的舞台走去。伽那婆提先生是一個矮小、微胖的男人，臉上帶著開朗的笑容，看似約莫四十五歲。他朝舞台走過去，同行的還有演奏咚咯鼓（mrdangam）的樂手、身著綠色鑲金邊絲質紗麗的美麗女提琴手，以及一名態度恭順的年輕男子，負責彈奏塔姆布拉琴（tambura）。伽那婆提穿著漿燙得無懈可擊的白色圍腰布（veshti），搭配白襯衫，左肩橫披著米黃色絲質圍巾。伽那婆提先生一看到斯瑞尼瓦森，就在臉前雙手合十，表示歡迎和敬意。

出乎小舟的意料之外，伽那婆提先生示意斯瑞尼瓦森上台。伽那婆提先生表現得好像他們就在家裡的客廳一樣，彷彿整間小演奏廳裡面滿滿的觀眾，都沒有他們的師生關係重要。斯瑞尼瓦森起初推辭，最後還是應允，離開小舟身旁的位子，加入台上的樂師。斯瑞尼瓦森觸摸這名偉大演奏家兼前老師的腳，表示尊敬和順服，然後他在伽那婆提的右後方、緊挨著鼓手的位置坐了下來。小舟在腦中複習斯瑞尼瓦森教過他的南印度古典音樂演奏會的架構。

通常有一名主要演奏者（罕見情況下，可能有兩名以上）。主要演奏者可能是歌手、笛手、七弦琴（vina）師或小提琴手。主要演奏者至少有一名打擊樂手和一名小提琴手伴奏。所有的演出都會有嗡鳴樂器或塔姆布拉琴伴奏，在正式的演奏會中，塔姆布拉琴師與其他演奏者共同坐在舞台上；在非正式的場合，嗡嗚樂器的聲音是由電子樂器產生。

小舟研究這個舞台，溫習他之前所學的。伽那婆提先生是這個古典樂團的主奏者。伴奏的是穿著美麗綠色紗麗的小提琴手和咚咯鼓手，彈奏塔姆布拉琴的則與其他人並排同坐。

演奏會從伽那婆提先生即席演奏一段長長的前奏開始。在這段拉格傳統樂曲（raga）裡，他的音色純淨，表達細膩，引起滿堂聽眾的讚嘆。小舟明白，這群相對少數的聽眾，大多是精通卡納提克音樂的人，他們瞭解卡納提克音樂的奧妙，也明白伽那婆提先生的大師地位。小舟努力回想斯瑞尼瓦森過去教他的卡納提克演奏會的結構。

卡納提克音樂是透過一套標準的曲目進行教學。在這套南印度音樂曲目中的曲子通常包含兩種音樂形式：威南（varnams）和卡利地（kritis）。威南通常是複雜的，經常是在演奏會開始時演出，旨在凸顯演出者的才能。卡利地是歌曲，代表演奏會的主體。

南印度音樂與旋律有關的三個要素是：斯如梯（sruti）、斯瓦拉（swara）、拉格（raga）。斯如梯指的是音高或主和絃音。斯瓦拉是音階內的音符。拉格是建構特定旋律所使用的模式——即音樂家如何在音階中升降。拉格往往與不同季節和一天中不同時段有關（例如：早晨的拉格）。

那整個晚上，伽那婆提先生偶爾放下笛子，改唱起歌。斯瑞尼瓦森整場聚精會神地坐著，點頭讚賞前師父的演出，並幫鼓手和小提琴手打節拍，他們顯然喜歡斯瑞尼瓦森認真合拍子的樣子。小舟明白，表演者根據特定的旋律架構重現每個曲子的段落，但是個人的詮釋方式則造就了作品的每個段落。他再度回想起，最近在公司午休聽收音機時，與斯瑞尼瓦森討論即興演出的一段對話。

即興演出是每場南印度音樂演出的一個重要的部分。即興演出的一般準則是制式且可預測的。在那些準則內的實質嘗試則是不可預測的，引領觀眾在傾聽個人詮釋的演出時產生濃厚的興趣。

小舟注意到，表演廳中幾乎所有的人都在大聲地打拍子，他意識到觀眾瞭解這些曲子的細膩變化——哪些部分屬於標準化，哪些部分是即興的。他再度回想斯瑞尼瓦森曾經談過韻律節奏。

塔拉（tala）指的是固定的拍子或節奏。在南印度音樂中，最常見的節拍是八、三、九和七。整個演奏過程中，觀眾不時跟著節奏打拍子，通常觀眾打拍子是對表演精采的曲段表達讚賞。

經過將近兩個半小時後，伽那婆提先生顯然已經完成當晚演出的曲目。但是，聽眾並不滿足，他們想要多聽點。許多人把寫明各種要求的紙條遞上舞台。這些人當中有許多年輕人，大多數可能是學音樂的學生。

盤腿而坐的小舟，必須多次起身，以免腳麻。然而，隨著三個小時的演奏會結束，小舟就像其他的觀眾一樣，身心都獲得調適，這場音樂之旅讓他感到興奮不已。整個晚上，他的思緒不時飄回他在北京的童年——回到他向京劇名角叔叔學藝那段日子。演奏會中途，他繼續發展關於《貴妃醉酒》之所以受歡迎的理論，幾天後他在寫給李紅的郵件中指出：

李紅：

我相信你很熟悉《貴妃醉酒》的故事。多年來，我一直想不通，為什麼這齣戲那麼受歡迎。文化大革命之前，它就受到歡迎，現在它又再度風行。前幾天晚上，在一場南印度音樂演奏會的中途，我對這個問題有了新的想法。人們喜歡一而再再而三地看一個野心太大又過於傲慢的女人受點教訓。一般人認為，她恃寵而驕且行為不端，活該受到皇帝這樣對待。另外，這齣戲把焦點放在她對於這種羞辱的反應，而非分析它本身帶有的斥責意味，有些耐人尋味。觀賞像我叔叔這樣有才華的演員，演活楊貴妃醉後使性子的樣子，對於所有京劇迷而言是一大享受。總之，我們知道楊玉環身為皇帝身邊的妃子，她所扮演的人生角色是艱難的，並不希望她受到太多懲罰。因此，適切地呈現她醉後的抗議，觸動了中國人的集體情緒反應。

不論如何，這是我前幾天晚上，參加長達三小時的笛子演奏會時，發現自己在想的事情。

我好奇你怎麼想。你覺得這個理論有點意思嗎？

雖然在南印度的古典音樂世界中，小舟完全是新手，但是他真心喜歡伽那婆提先生的表演，也很高興有機會加入這個與表演者面對面接觸的音樂家核心圈子。小舟站在舞台邊，熱情的觀眾魚貫走出演奏廳，有幾個人逆向擠上舞台和樂手交談。斯瑞尼瓦森回到小舟身邊，一如小舟所料，他告訴小舟，他們受邀與這些表演者共進晚餐。

這時候的時間已近晚上十點，小舟通常在這時候準備上床睡覺。小舟的作息固定，近四十年來，他一心只有工作。的確，他經常納悶，如果他是京劇演員，他的人生會是怎樣；身為金融分析師，他也經常覺得自己事實上勉強稱得上是個表演者。不過，小舟在金融界勤奮工作這麼久，已經把準時和規律給內化了，這點與伽那婆提先生等藝術表演者正好相反。

此刻，小舟忽然頓悟，斯瑞尼瓦森的矛盾有別於年輕時的他：日復一日，斯瑞尼亞森在繁重的分析師工作，和雖然常常令人興奮但有時卻不可預測的音樂家作息之間陷入兩難。現在是晚上十點，這些音樂家才開始動員吃晚餐。誰知道他們什麼時候才會回家睡覺？這是週四晚上，在小舟和斯瑞尼瓦森的公司裡，週五通常是重要的一天，有客戶會議，還要和許多外地來的訪客討論。這樣的日子斯瑞尼瓦森還能忍受幾年呢？

小舟身為斯瑞尼瓦森的良師益友，真心感受到他的兩難處境。小舟自己是即將來到職業生涯的終點，所以他盡情享受此刻，對於參與演奏會後的狂歡活動感到興奮不已。他注意到，對斯瑞尼瓦森而言，要同時成為金融界和音樂界這兩個不同世界的一員，必定很難。這些音樂家活在一個完全不同的時空。

這群演出者和另外六名人士坐在地上吃塔利[11]。米飯和蔬菜分成小撮發放在大片香蕉葉上。他們用右手挖起米飯、扁豆咖哩、優格和各種配菜。吃飯時，伽那婆提先生對小舟產生極大的興趣。小舟開始和伽那婆提起一些關於他的家庭歷史及他在文化大革命之前與京劇界的淵源。伽那婆提先生聚精會神地聽著。僅僅一小時的工夫而已，他們就好像成了要好的朋友。伽那婆提說，他希望將來有機會到中國演出。

斯瑞尼瓦森和小舟滿懷歉意，告訴伽那婆提和這群樂手及演奏會籌辦人員，隔天一早他們還要上班必須先告辭。臨走之前，伽那婆提先生宣布他在邦革洛如的下一場演出，時間大約五個月後，地點在克瑞曼伽拉第六街區印度承傳學院（Indian Heritage

Academy）的演奏廳。伽那婆提先生邀請小舟上台。小舟不太確定這是什麼用意。非音樂家坐在台上有何含意嗎？不管怎樣，他明白這是一種慷慨、友善的表示，他同意至少出席演奏會。

坐上黃包車回公寓的路上，小舟把注意力放在伽那婆提的下一場演奏會，日期訂在四月二十四日，四月的第三個週五——距離現在還有四個多月。小舟回北京的飛機票是隔天二十五日，這真的是他揮別金融分析師生涯，結束在邦革洛如這段生活的好方式。

小舟終於回到位於六樓的公寓，即使時間已經過了凌晨十二點，他仍然有足夠的精力坐下來給李紅寫了封簡短的郵件。

親愛的李紅：

我剛從上封信上同妳提過的那場演奏會回來。演奏會很棒，但是我不知道我的朋友斯瑞尼瓦森如何有這麼多的精力橫跨兩界，他一週至少參加一、兩次這類型的活動，通常午夜才回家，但是他和我一樣，每天早晨九點準時進到他的辦公間。他比我年輕多了，或許這是為什麼他的精力如此充沛。

這位笛子演奏家顯然是真正的大師，整個演奏廳擠滿了聽眾，還特別關照我的朋友斯瑞尼瓦森，後者曾經是他的學生。演奏會後，我到後台和這些音樂家碰面，和伽那婆提先生聊得很開心。我的人生故事讓他感到好奇，他很有興趣找機會到中國表演。或許等我回國後，明年可以幫他籌辦一場演奏會。我認識幾個音樂界的人士，他們可以幫我們籌辦這樣的活動。不管怎樣，四月他會回到邦革洛如舉辦演奏會，那天是我在金融界工作的最後一天，也是我搭機返回北京的前一天。這將是我告別印度及分析師生涯的美好方式。伽那婆提邀請我與他同坐在台上。你瞭解我，我向來喜歡上台，即使這意謂著只是坐在那裡，望著觀眾。

保重，李紅。我累了，得上床了。

英國殖民主義，再訪阿育吠陀

小舟旅居邦革洛如的最後幾個月，每日作息大致相同：上班的日子裡，他總是走路上下班，經常走遠路去參觀這座城市，在這城市裡繼續探索英國殖民所留下的痕跡。穿越庫本公園或拜訪瑪友紀念堂，總是讓他樂此不疲。他究竟進去過或逛過他的公寓旁邊這間衛理公會教堂多少次呢？小舟散步的時候，常常試圖想像當時英國人怎樣過生活，以及邦革洛如當地的居民可能怎樣過日子。一八五七年印度士兵叛變事件的那些日子裡，他們是如何看待彼此的呢？

親愛的李紅：

我在這裡的時間即將結束。我繼續四處瀏覽這個城市，並繼續研究我能找到所有的英國殖民遺址。等我回北京，我打算聯繫一個朋友，他曾在北大就讀，然後成為知名的歷史學家，專門研究這段時期。基本上，待在印度的時間越久，我對於英國的強硬觀點變得有些軟化。我需要找我的歷史學者朋友討論，聽聽他對那個時期的西方帝國主義的解釋。

回到我個人的觀點，雖然中國和印度都是擁有古老文化傳統的文明古國，但是我們並不一樣。尤其是一個世紀前，我們與英國和其他西方強權的互動方式完全不同。從這點來看，國家就像個人：譬如，你可能和某個我無法忍受的人當朋友。換言之，那個人對你而言可能是個好人，起碼不是壞人，但是對我而言卻不是。總之，印度人對英國人的接受程度似乎高於我們。相應地，經過一百多年的衝突之後，對印度而言，英國在某種程度上變得比較可以原諒，而且它對該國的基礎貢獻也隨處可見。

簡單來說，與世界其他地方相較，尤其是經過多年的沉澱之後，英國在印度的表現相形之下顯得比較負責任，許多印度人還頗懷念他們對當地基礎建設的貢獻。

不多寫了，李紅。

小舟知道他在邦革洛如的日子即將結束，他開始更加頻繁走訪阿育吠陀治療中心，每次求診的時間也更長。他不再是為背痛去看診，他告訴蘇布拉馬尼亞醫生和他的員工，他希望在回北京前能盡可能多學一點。蘇布拉馬尼亞醫師極樂意竭盡所能教導小舟阿育吠陀的醫學觀念，結果每個月一小時的課程變成每週數次，一次進行兩、三個小時。除此之外，蘇布拉馬尼亞醫生和伽那婆提先生一樣，也渴望到中國一遊。他告訴小舟，他會積極追求第一手研究傳統中醫的機會，願意將他所學，廣博的阿育吠陀知識交流分享。

親愛的李紅：

我的阿育吠陀探索經驗非常美好。我答應蘇布拉馬尼亞醫生，等我回去後，我會盡可能幫他在北京的醫學院找到為期一年的工作。你有沒有認識的人，等我回北京後可以請教呢？蘇布拉馬尼亞醫生已經成為我的朋友，我對他的療法深感欽佩。我相信，我們雙方能就古老醫療知識進行交流是十分難能可貴的。

欽奈

關於小舟的第三個興趣——卡納提克音樂，他繼續盡可能地吸收這門藝術本身的知識，或許更重要的是，關於南印度社會對藝術的承諾和奉獻。十二月的第二週，小舟按照計畫加入斯瑞尼瓦森和他的大家族，到欽奈參加為期一週的卡納提克音樂節。這是一趟從搭火車開始的奇妙經驗。小舟和斯瑞尼瓦森的八名家族成員聚集在一個沒有劃位的車廂尾端，他們幾乎全程都齊聲唱著祈禱歌。

親愛的李紅：

接觸這個豐富又奇妙的南印度古典音樂世界，使我受到激勵，我再度與小時候被迫離開的京劇界接軌。我知道現在吹起一股懷舊的新風潮，尤其是在北京，所以年輕人可能會有興趣聽聽我談過去在文化大革命之前的戲曲表演方式和回憶。對我而言，重談這些回憶可能太痛苦，我也不知到底有多少可貢獻，但是趁著現在還有足夠的精力，我想試試。

最重要的是，我渴望再見到你。我認為我們可以在最後的階段一起建立美好的人生——品味這人生佳釀的最後幾杯美酒。印度指引我退休歲月的方向，而你，我希望將會提供我伴侶關係的永恆喜悅。

在前往欽奈的火車上，斯瑞尼瓦森的母親坐在小舟身旁長達兩個小時，她比小舟年長幾歲，她教小舟唱《ragunaayaka》，這是一首深受印度人歡迎的歌曲，它是生長於十八世紀末和十九世紀初南印度最著名的作曲家之一特亞加拉賈（Tyagaraja）的作品。小舟從不覺得唱歌是自己的強項，也想像不到自己可以這麼熱中唱印度歌曲——尤其是以達羅毗荼（Dravidian）語系的泰盧固語言來唱。但是他竟然坐在那裡，一再重複每個句子，直到斯瑞尼瓦森的母親滿意為止，再換下一個段落。

斯瑞尼瓦森的母親是一名傑出的歌手，一生都在教授音樂。她對藝術嚴謹的奉獻精神，再度讓小舟回想起童年時期他所接觸到那些不停練習和排演的劇團成員。等他們一行人來到欽奈，小舟真的能夠唱出一首南印度的歌。事實上，他在短暫的歌唱訓練結束時，為車廂裡的人高歌了一曲，斯瑞尼瓦森的八名家族成員全都起立叫好。

小舟從沒花時間學習任何一種印度語言，但是旅居印度這五年他總是對周圍的語言抱持一分好奇。根據他的理解，邦革洛如當地的語言是卡納達語。在欽奈，或在泰米爾納德邦內，他知道當地講的是泰米爾語。此刻在火車上，斯瑞尼的母親正在教他泰盧固語，泰盧固語屬於達羅毗荼語系，通行於欽奈北部的安德拉邦。小舟用盡各種方法問過斯瑞尼瓦森各個家庭成員後，發現欽奈的居民至少有十五至二十%會說泰盧固語。事實上，二十世紀前半葉，泰盧固語是欽奈政治精英中主導者的語言。其中一人甚至說，現在回想起來，欽奈當年很可能在獨立運動中被劃分為安德拉邦的一部分。不過這件事並沒有發生，欽奈成為泰米爾納德邦的省會，欽奈的命運開始隨著泰米爾語而不是泰盧固語言起伏。

小舟又發現一件比語言更較複雜的問題，那就是種姓制度和從屬關係。斯瑞尼瓦森家屬於一個泰米爾婆羅門種姓的大家庭，分散在南部四邦中的三個邦：泰米爾納德邦、安德拉邦和卡納塔克邦。既然是音樂家庭，從事藝術這行要求他們能通多種語言，泰米爾語、泰盧固語、卡納達語，更不用說梵文了。換句話說，古典南印度音樂的經典標準曲目包括所有這些語言。所以，雖然大部分斯瑞尼的家庭成員聲稱泰米爾語是他們的母語，但是那些住在泰米爾納德邦外的，比方說斯瑞尼，也精通當地語言。身為優秀的音樂界成員，他們普遍能講其他語言。

在六小時的車程中，多半時候，大家一首又一首歌接著唱。小舟除了和斯瑞尼瓦森的母親用泰盧固語練習他所學的新歌外，就是望著窗外，欣賞從邦革洛如到欽奈之間的農村景色。如詩如畫的小鎮點綴鄉間。隨著火車接近欽奈，自然景色從邦革洛如這邊的翠綠山谷，變成比較平坦的乾旱平原。一路上都有孩童站在鐵軌邊，急切地向經過的火車揮手。

如同在迦那婆提的演奏會上，小舟進入半夢半醒的狀態，在這趟火車旅行中，他斷斷續續進入夢鄉——再度回想起與叔叔在一起的童年時光。這次是十歲的他。

「小舟，」小舟叔叔下令：「這裡有些零錢，去街口的拐角店裡給我帶兩包菸回來。跑快點兒，免得賣光了。就算看到那個漂亮的女同學，也不許停下。知道嗎？」說到這裡，叔叔嚴厲的態度化成一抹微笑。

五十五年後，小舟忍不住納悶，叔叔指的女孩是不是李紅。小時候，小舟把讓叔叔開心看得比世界上任何一件事都來得要緊。他穿過狹窄的胡同，拚命跑向胡同口。小舟挺懷念以前在舊城區二環內的老宅，雖然老式的四合院住起來遠遠沒有現代公寓舒服方便，但四合院是老北京文化息息相關的一部分，更不用提住在四合院裡的踏實感——「地氣」是新一代住在一棟又一棟高樓裡的北京居民想都不敢想的奢侈。

火車隆隆前進，午後稍晚，小舟的眼前是美麗遼闊的南印度天空。在恍惚狀態下，他再度慢慢地飄回北京的童年記憶。比藍色更藍的藍天，有名的北京藍，在春秋的某些日子，路旁樹上還會掉下黃色和白色的花瓣，宛如緩緩飄落的雨絲，滿布天空。童年時期的北京天空怎麼會那麼藍呢？

黃昏時，斯瑞尼瓦森一家人和小舟抵達欽奈，立刻分搭數輛黃包車。二十分鐘後，他們再度齊聚於一座宏偉的莊園，這座莊園位於麥拉波鎮（Mylapore），斯瑞尼瓦森的叔叔就住在這個鎮上。偌大的客廳裡懸掛著吊扇，到處有鋪開的草蓆，小舟明白，這是全部的人未來一週要住的地方。

每天早晨，他們一同起床，待幾名雇傭為他們送上咖啡和早餐。到了上午十點左右，他們決定好這天的行程。這群人根據他們選擇要參加的演奏會，分成幾個小組。然後到了傍晚他們重新聚在一起吃晚午餐，討論當天最精采的音樂表演。雖然多數的討論，至少住在邦革洛如的成員之間的討論，用的是卡納達語，但是斯瑞尼瓦森一直待在小舟身邊，認真地幫他翻譯。

這七天當中有三天，小舟從這些音樂愛好者中脫隊，走遍欽奈的街頭，很像他在邦革洛如的作法，希望從步行之中能夠找到英國殖民建築的遺留下來的痕跡。小舟發現兩棟建築物最吸引人，一棟是一八九二年落成的馬德拉斯高等法院大樓，另一棟是建於一九〇八年的意格莫若（Egmore）火車站。小舟的時間不多，他還真希望能有更多時間多走訪這兩棟建築幾次。

小舟發現，馬德拉斯高等法院是世界上最宏偉的法院建築群之一。這棟殖民建築的規模之龐大象徵著英國在印度統治高峰期的權力。這也表現了英國對印度的法律制度擁有完全的控制權，英國人有權替印度人定義好壞，確認是非。小舟知道這是一個國家機構最根本的主權。定善惡，小舟心想，多可笑啊。這麼一個用槍炮支持流氓在中國販賣鴉片的英國政府，用那種道德尺度替另外一個社會決定善惡？不過，小舟掙扎著提醒自己邦革洛如就已經發現的幾個關鍵點：印度不是中國；而英國在印度的殖民關係，可能比它在中國所發展的關係更良性。

小舟也聽過許多人抱怨印度的法院效率低，結案慢，常常一件官司從一審開始到上訴完結，歷經十年都不稀奇，一場官司打到最後可能當事人都已經去世了。小舟懷疑是不是因為印度人在獨立後並沒有發展出一套適合自己國情的法律系統，卻繼續使用英國人留下的那套，既不適用又消化不良的方法。想到這裡，小舟還挺以新中國為傲。

抓住小舟想像力的第二棟殖民地建築是意格莫若火車站。這棟巨大的哥德式風格建築有夢幻般的圓頂和長長的走廊。一個多世紀以來，它已經是公認的欽奈著名地標之一了。小舟在這棟偉大的建築內外四處走動，不再去想殖民主義的不公不義，而是想到中國領導人應該替中國人民多造幾棟有紀念性，有中國古典味的建築物。想到北京火車站的大而無章，又擠又亂，他決定在回國前起草封信給北京市市長，敦促市長早日重修北京火車站。

六天過去了，一行人搭乘火車回到邦革洛如，相較於前往欽奈時充滿期待的興奮感，瑞斯尼瓦森家族的成員此時已經精疲力竭，他們很高有這麼一段時間讓這個大家庭的成員聚在一起，幾乎人人都感到深受啟發。小舟則是急著回去他位於六樓的公寓，好好計畫最後三個半月的工作生涯。

邦革洛如的最後幾個月

金融界有趣的是（或許所有的行業都一樣），戲劇性的劇情總是層出不窮。總是有新創的公司、新的醜聞、新的收購案、新的泡沫，讓分析師和投資人就像在跑步機上一樣，以大致來講相同的方式跑個不停。小舟比誰都清楚這種現象。有趣的是，他的心態一點都不憤世嫉俗。不過，小舟對事情本質的敏銳洞察意味著，他永遠也不會太認真看待自已在組織中的位置：他是重要的，但是總會有其他人迅速取而代之。

四月二十四日週五，小舟和他的同事及他所服務的這家證券公司欽奈分公司主管，為了歡送小舟，在當地的高檔餐廳共進午餐。多數人說的話不外乎：他一直是個很棒的員工，以及他如何在一個惡名昭彰的高淘汰率行業中長期生存下來，唯一不同的是他的好友斯瑞尼瓦森的發言。他站起身向小舟敬酒，簡單告訴這群人，小舟已經成為他的導師，他是他這輩子遇到過最好的幾個人。

在以言語與行動表達歡送之意後，所有的人都急著回辦公室，因為一則突發新聞說，歐洲某工業公司購併一家小型印度公司，大家急著回去找資料。有本事查出內幕的企業分析師，或許能憑著這類企業購併案成就一番事業。

小舟整理好他的書桌，把剩下的東西放入公事包。過去三天，他一直在清除辦公間裡面的東西，所以今天的最後這幾個小時，已經沒有剩下多少該做的事。在他最後一次離開這棟建築之前，腦海裡只剩下兩件事：首先，為今晚八點位於克瑞曼伽拉六號地上印度承傳學院舉行的伽那婆提演奏會做計畫。他和斯瑞尼瓦森將會坐在一起，他們約好在演奏廳碰面。小舟關心的第二件事是，第二天的返鄉之行。他搭的是下午兩點的飛機，明晚回到北京，將會是他與李紅久別後的第一次重逢。

這天傍晚，小舟走路回家的速度比平常慢些，因為沉重的公事包裡裝滿了紙張和他在邦革洛如這五年的種種回憶。走進公寓大樓之前，他先踏入街坊的餐廳，點了蒸米糕和油餅（poori）。他告訴老闆夫婦，今晚他趕時間，因為他要去演奏會。

「演奏會？今天你才剛從工作了二十年的公司退休，明天就要回去家鄉……而今晚你關心的是演奏會？」

「對，沒錯。」小舟說：「謝謝你們所供應的美食，我回北京，會試著做蒸米糕和香料扁豆燉蔬菜。」

餐廳老闆驕傲地微笑，硬要小舟與他合拍幾張照片。待這一陣混亂平靜下來，小舟終於得以安靜地享用他在這間街坊餐廳的最後一頓蒸米糕和香料扁豆燉蔬菜。小舟幾如冥想般地，再度沉浸於兩件事：今晚的演奏會和明天的返鄉之旅。

斯瑞尼瓦森和小舟約在觀眾席第三排各自的座位上碰頭。因為有指定的位子，所以這次他們雙雙在演奏會開始前十分鐘抵達。即便加那婆提先生花了數分鐘向觀眾介紹他們，敦促他們上台與他同坐，但是他們都禮貌地拒絕了，繼續坐在原位。斯瑞尼瓦森決定，小舟在邦革洛如的最後一晚，他不想加入台上的樂手，寧願和小舟坐在一起。至於小舟，他很高興能有位子坐，而不是像上次那場演奏會，盤腿坐在舞台前的地板上。迦那婆提先生明白他的兩個朋友不會上台，就轉向其他樂手，專心進行另一場引人入勝的演奏會。

因為斯瑞尼瓦森白天對小舟道出他發自內心的感想，所以演奏會結束後，這兩個人有點不好意思地互相擁抱並道別。小舟開始以飛快的速度脫離演奏廳裡洶湧的人潮。他在兩條街外招呼到一輛黃包車，車子急速駛離會場，載著他回到那棟位於六樓的公寓，準備迎接他在邦革洛如的最後一夜。

當晚，門邊有三個打包好的行李，小舟睡著了，腦海裡重複播放著迦那婆提的笛音。如同許多個夜裡，半夜他又夢到叔叔，醒了過來——這次他的叔叔並未妝扮成女子，而是做印度音樂家的打扮。小舟慢慢地恢復意識，有一種奇妙的感受，知道自己人不在北京，而是在印度的邦革洛如。小舟關掉可憐的空調，唰地打開六樓公寓的窗戶，把頭伸出窗外，沉浸在外面夜晚涼快多了的空氣裡。

就在他努力想要弄清楚樓下的夜間活動時，小舟一如既往開始慢慢品味來自街上的夜聲：遠方的狗吠聲、黃包車的喇叭聲、卡車轉過街角的失速聲。幾條街外通宵營業的茶鋪播放的音樂。他知道，相較於一天開始時他將會聽到的聲音，凌晨三點的這些聲音顯得安靜。

尾聲 Postlude

三個人，兩男一女，在邦革洛如國際機場美食廣場的同一張長方型桌邊足足坐了三小時。坐下來之前，他們從未見過面。三個人年紀不同，一個二十九歲的女人，一個三十二歲的男人，再加上一個年齡較長的男人，三人穿著不同式樣的服裝。三個人的英文流利程度也不相同。但是感覺敏銳一點的人，還是看得出來他們都是華人。

第一個講故事的是今年二十九歲、由台灣去的高梅林。接下來是三十二歲的美籍華人黃光遠。六十三歲、從北京去的杜小舟最後發言，他說自己的故事，口齒清晰，像在台上演講一般。小舟說完後看看錶，表示他得趕緊離開，否則會搭不上飛機。小舟一邊說著，一邊抓起他的公事包，接著把那件名貴的雨衣往肩上一搭，禮貌地和他共度了三小時的同伴道別。

黃光遠眼見小舟離開，也看看自己的錶，說他也得走了。在站起來之前，他轉頭望著高梅林，說道：

「你知道嗎?他提到的那場竹笛音樂會，其實我昨晚也去了。我對南印古典音樂沒研究，但我還是深受感動。」

高梅林笑著祝黃光遠一路平安，她沒提及其實當晚她也赴了同一場演奏會。高梅林是和朋友瑟瑪與瑟瑪的孩子一起去的。回想起來，梅林記起她在會上曾經注意到這兩個人。她怎麼可能不注意到在一片印度人海中這兩位英俊的中國男士？他們三個人前一晚居然都去了在邦革洛如舉行的同一場音樂會，真是巧合，讓她覺得三人的碰面似乎在偶然之中又摻了些宿命安排。

高梅林獨坐了幾分鐘後起身前往回台的登機門。一想到馬上又可以和母親見面，她興奮莫名。她是多麼想念故鄉花蓮的高山。花蓮在她心目中永遠是個有特別魔力的地方，複雜、豐富，但永遠是她舒適、安全的搖籃。

來去印度
三個旅人的故事

SANYAU
http://www.ju-zi.com.tw
三友圖書
友直 友諒 友多聞

國家圖書館出版品預行編目(CIP)資料

來去印度：三個旅人的故事 / 郝洛吉，錢德純合著. -- 初版. -- 臺北市：四塊玉文創，2015.01
面； 公分
ISBN 978-986-5661-20-5(平裝)

1. 旅遊文學 2. 印度

737.19 103025346

◎版權所有・翻印必究
書若有破損缺頁 請寄回本社更換

作　　者　郝洛吉、錢德純
封面繪圖　陳貴芳

發 行 人　程顯灝
總 編 輯　呂增娣
執行主編　李瓊絲
主　　編　鍾若琦
編　　輯　程郁庭、吳孟蓉、許雅眉、鄭婷尹
美術主編　潘大智
封面設計　游騰緯
執行美編　游騰緯、李怡君
美　　編　劉旻旻
行銷企劃　謝儀方

發 行 部　侯莉莉
財 務 部　呂惠玲
印　　務　許丁財
出 版 者　四塊玉文創有限公司

總 代 理　三友圖書有限公司
地　　址　106 台北市安和路 2 段 213 號 4 樓
電　　話　(02) 2377-4155
傳　　真　(02) 2377-4355
E － mail　service@sanyau.com.tw
郵政劃撥　05844889 三友圖書有限公司

總 經 銷　大和書報圖書股份有限公司
地　　址　新北市新莊區五工五路 2 號
電　　話　(02) 8990-2588
傳　　真　(02) 2299-7900

製版印刷　興旺彩色印刷製版有限公司

初　　版　2015 年 1 月
定　　價　新臺幣 280 元
I S B N　978-986-5661-20-5(平裝)

廣 告 回 函
台北郵局登記證
台北廣字第2780號

地址： 縣/市 鄉/鎮/市/區 路/街

段 巷 弄 號 樓

SANYAU

三友圖書有限公司 收

SANYAU PUBLISHING CO., LTD.

106 台北市安和路2段213號4樓

SANYAU

三友圖書 / 讀者俱樂部

填妥本問卷，並寄回，即可成為三友圖書會員。
我們將優先提供相關優惠活動訊息給您。

優質好康

。看書 所有出版品應有盡有
。分享 與作者最直接的交談
。資訊 好書特惠馬上就知道

粉絲招募
歡迎加入

旗林文化╳橘子文化╳四塊玉文創
www.ju-zi.com.tw
www.facebook.com/comehomelife

【黏貼處】對折後寄回，謝謝。

親愛的讀者：

感謝您購買《來去印度 - 三個旅人的故事》一書，為感謝您對本書的支持與愛護，只要填妥本回函，並寄回本社，即可成為三友圖書會員，我們將定期提供新書資訊及各種優惠給您。

1 您從何處購得本書？
□博客來網路書店 □金石堂網路書店 □誠品網路書店 □其他網路書店
□實體書店＿＿＿＿＿＿＿＿

2 您從何處得知本書？
□廣播媒體 □臉書 □朋友推薦 □博客來網路書店 □金石堂網路書店
□誠品網路書店 □其他網路書店＿＿＿＿＿＿ □實體書店＿＿＿＿＿＿

3 您購買本書的因素有哪些？（可複選）
□作者 □內容 □圖片 □版面編排 □其他＿＿＿＿＿＿

4 您覺得本書的封面設計如何？
□非常滿意 □滿意 □普通 □很差 □其他＿＿＿＿＿＿

5 非常感謝您購買此書，您還對哪些主題有興趣？（可複選）
□中西食譜 □點心烘焙 □飲品類 □瘦身美容 □手作DIY
□養生保健 □兩性關係 □心靈療癒 □小說 □其他＿＿＿＿＿＿

6 您最常選擇購書的通路是以下哪一個？
□誠品實體書店 □金石堂實體書店 □博客來網路書店 □誠品網路書店
□金石堂網路書店 □PC HOME網路書店 □Costco
□其他網路書店＿＿＿＿＿＿ □其他實體書店＿＿＿＿＿＿

7 若本書出版形式為電子書，您的購買意願？
□會購買 □不一定會購買 □視價格考慮是否購買 □不會購買
□其他＿＿＿＿＿＿

8 您是否有閱讀電子書的習慣？
□有，已習慣看電子書 □偶爾會看 □沒有，不習慣看電子書
□其他＿＿＿＿＿＿

9 您認為本書尚需改進之處？以及對我們的意見？
＿＿＿＿＿＿＿＿＿＿＿＿＿＿＿＿＿＿＿＿＿＿＿＿＿＿

10 日後若有優惠訊息，您希望我們以何種方式通知您？
□電話 □E-mail □簡訊 □書面宣傳寄送至貴府 □其他＿＿＿＿＿＿

感謝您的填寫，
您寶貴的建議是我們進步的動力！

姓名＿＿＿＿＿＿＿＿ 出生年月日＿＿＿＿＿＿＿＿

電話＿＿＿＿＿＿＿＿ E-mail＿＿＿＿＿＿＿＿

通訊地址＿＿＿＿＿＿＿＿＿＿＿＿＿＿＿＿

【黏貼處】對折後寄回，謝謝。